Duden Wie schreibt man jetzt?

Duden
Wie schreibt man jetzt?

Ein Übungsbuch zur neuen deutschen Rechtschreibung
von Ulrich Püschel

3., überarbeitete Auflage
von Christian Stang

Dudenverlag
Mannheim · Leipzig · Wien · Zürich

Die **Duden-Sprachberatung** beantwortet Ihre Fragen
zu Rechtschreibung, Zeichensetzung, Grammatik u. Ä.
montags bis freitags zwischen 9:00 und 17:00 Uhr.

Aus Deutschland: **0900 1 870098** (1,86 EUR pro Minute aus dem Festnetz)
Aus Österreich: **0900 484833** (1,80 EUR pro Minute aus dem Festnetz)
Aus der Schweiz: **0900 902804** (3,13 CHF pro Minute aus dem Festnetz)

Das Abonnement zum Nachschlagen in verschiedenen Dudenwerken
per Internet können Sie hier erwerben: **www.duden.de**

Redaktion Dr. Werner Scholze-Stubenrecht

Herstellung Monika Schoch

Umschlaggestaltung Sven Rauska

Bibliografische Information der Deutschen Bibliothek
Die Deutsche Bibliothek verzeichnet diese Publikation in der Deutschen Nationalbibliografie; detaillierte bibliografische Daten sind im Internet über http://dnb.ddb.de abrufbar.

Satz Sigrid Hecker, Mannheim; Andrea Reuter, Heidelberg
Druck und Bindung Firmengruppe Appl, Wemding
Printed in Germany
ISBN 3-411-06193-6

→ Vorwort

Am 1. August 2005 tritt die neue deutsche Rechtschreibung nach einer siebenjährigen Übergangsfrist endgültig in Kraft. Im Bereich der Schulen und Behörden, für die der Staat Regelungsgewalt besitzt, sind ab diesem Zeitpunkt ausschließlich die reformierten Regeln für Deutschland, Österreich und die Schweiz gültig. Für viele bedeutet das, sich die neuen, amtlich verbindlichen Regeln jetzt sehr schnell aneignen zu müssen.

Das vorliegende Übungsbuch leistet hierbei praktische Hilfestellung. Es erklärt die zentralen neuen Regeln in allgemein verständlicher Form, weist auf „Stolpersteine" hin und regt zu einem sinnvollen Umgang mit der Neuregelung an. Alle Bereiche, die von ihr betroffen sind, werden behandelt: die Laut-Buchstaben-Zuordnung, die Groß- und Kleinschreibung, die Getrennt- und Zusammenschreibung und die Schreibung mit Bindestrich sowie die Zeichensetzung und die Worttrennung am Zeilenende. Besonders wichtig sind die zahlreichen Übungen zum Selbsttraining und die übungsübergreifenden Tests zur Selbstkontrolle. So kann jeder leicht feststellen, ob er die neuen Regeln schon verinnerlicht hat oder mit welchen er sich noch intensiver beschäftigen muss.

Dieses Lern- und Übungsbuch richtet sich vor allem an ältere Schülerinnen und Schüler und an Erwachsene, die aus beruflichen Gründen Sicherheit im Umgang mit der neuen Rechtschreibung gewinnen wollen.

Mannheim, im Januar 2005

Die Dudenredaktion

→ Inhaltsverzeichnis

→ Zur Einführung

Warum brauchen wir eine neue deutsche Rechtschreibung?
Im Jahr 1901 wurde auf der 2. Orthografischen Konferenz in Berlin die bis 1998 gültige amtliche Rechtschreibung beschlossen. Die Hauptaufgabe dieser Konferenz hatte darin bestanden, eine einheitliche Regelung für das gesamte deutsche Sprachgebiet zu schaffen. Tatsächlich gilt sie seit 1902 in Deutschland, Österreich und der Schweiz. Diese Zielsetzung hatte dazu geführt, dass eine Vielzahl von Kompromissen geschlossen werden musste, die das Schreiben nicht gerade erleichterten. Außerdem enthält das erste Regelwerk Lücken, was nach und nach viele Einzelfestlegungen erforderlich machte, die die Orthografie zusätzlich erschwerten.
Im Lauf der Zeit wurde der Ruf nach einer Vereinfachung unserer Rechtschreibung immer lauter. Doch da deren Neuregelung sachlich wie politisch ein schwieriges Unterfangen ist, hat sich die Arbeit an der neuen deutschen Rechtschreibung über Jahre hingezogen, bis auf der Wiener Konferenz vom November 1994 ein Vorschlag vorgelegt werden konnte, der die Grundlage der zwischenstaatlichen Absichtserklärung bildet, die Deutschland, Österreich und die Schweiz sowie einige andere Länder mit deutschsprachiger Bevölkerung am 1. Juli 1996 unterzeichnet haben. Stichtag für die Einführung der neuen, für Schulen und Verwaltungsbehörden verbindlichen Regeln und Schreibungen war der 1. August 1998. Ab dem 1. August 2005 ist die reformierte Orthografie in diesen Bereichen wie geplant allein verbindlich.

Was ist das Ziel der Neuregelung?
Entgegen mancher Tatarenmeldung bleibt die bestehende Rechtschreibung in ihren Grundzügen unangetastet. Die Schreibung einer Sprache, auch wenn sie amtlich geregelt ist, ist historisch

gewachsen, was radikale Eingriffe ins gewohnte Schriftbild verbietet. Wir schreiben also in Zukunft im Prinzip wie bisher.
Die Neuregelung orientiert sich an drei Prinzipien, die alle darauf zielen, uns das Schreiben zu erleichtern. Zunächst will die Systematisierung der Rechtschreibung störende Ausnahmen, aber auch Ungereimtheiten und Widersprüche beseitigen, auf die wir bisher besonders aufpassen mussten. In einem engen Zusammenhang damit steht dann die Reduzierung komplizierter Regelgeflechte auf einige wenige Hauptregeln. Auf diese Weise ist eine Reihe von Regelungen übersichtlicher geworden und wir können die neuen Regeln leichter anwenden. Schließlich wurden einige Schreibgewohnheiten legalisiert, die sich im Lauf der Zeit gegen die geltenden Regeln durchgesetzt haben.

Was wurde neu geregelt?

Die Neuregelung berührt alle Bereiche der Rechtschreibung.

- Sehr behutsame Veränderungen gibt es bei den Laut-Buchstaben-Zuordnungen. Am stärksten wirkt sich sicher die Festlegung aus, dass nach kurzem Selbstlaut statt *ß* immer *ss* zu schreiben ist. Kaum auswirken wird sich dagegen, dass jetzt *behände* anstatt *behende* geschrieben werden muss. Wie oft gebrauchen wir schon dieses Wort?
- Die Getrennt- und Zusammenschreibung war bislang nicht ganz einfach zu beherrschen. Ist ein bestimmtes Hauptwort, ein Zeitwort, ein Eigenschaftswort oder Mittelwort mit dem folgenden Zeitwort zusammenzuschreiben oder nicht? Hier schafft die Neuregelung mehr Klarheit. Getrenntschreibung ist jetzt der Normalfall. Nur wenn etwas zusammengeschrieben werden muss, ist es besonders geregelt. Von der neuen Regelung ist eine recht ansehnliche Zahl von Fällen betroffen. Wichtiger ist aber noch, dass mit ihr viele Zweifelsfälle beseitigt sind.
- Auch die Schreibung mit Bindestrich ist vereinheitlicht worden. Daneben wird der Bindestrich auch als ein Mittel aufgewertet,

mit dem vor allem in unübersichtlichen Zusammenschreibungen der Wortaufbau durchsichtiger gemacht werden kann. In vielen Fällen entscheiden wir jetzt selbst, ob wir unseren Lesern mittels Bindestrich Lesehilfe geben wollen oder nicht.

- Die zahlreichen Ungereimtheiten und Widersprüche in der Groß- und Kleinschreibung werden vor allem dadurch reduziert, dass die Substantivgroßschreibung konsequenter als früher angewendet wird.
- Größere Freiheiten gibt es jetzt bei der Zeichensetzung. Manche verzwickte Kommaregel, die schon in der Vergangenheit nur wenig beachtet wurde, braucht jetzt ganz offiziell nicht mehr befolgt zu werden. Aber auch hier wurde nur behutsam eingegriffen: Wer will, kann in fast allen Fällen auch nach der Neuregelung die Kommas so setzen wie bisher.
- Stark vereinfacht ist jetzt schließlich die Worttrennung am Zeilenende. Die Trennung von *st* zwischen *s* und *t* ist zwar spektakulär, wichtiger ist aber die nun konsequente Trennmöglichkeit aller Wörter nach Sprechsilben. Doch auch hier wird das Alte nicht einfach verstoßen, sondern bleibt in den meisten Fällen als zulässige Trennvariante erlaubt.

Was bietet Ihnen dieses Übungsbuch?

Dieses Übungsbuch stellt Ihnen die zentralen neuen Vorschriften vor. Dabei beschränkt es sich weitgehend auf die Regeln, also die Festlegungen für das korrekte Schreiben, die über den Einzelfall hinausgehen. Einzelfestlegungen hingegen, die immer nur für den speziellen Fall gelten, werden nur eingeschränkt behandelt. Sie betreffen in der Hauptsache die Laut-Buchstaben-Zuordnungen und können in der Praxis im Duden nachgeschlagen werden.

Wie können Sie mit dem Übungsbuch arbeiten?

Das Übungsbuch ist als Lehrgang angelegt; deshalb bietet es sich an, die sechs Kapitel systematisch durchzuarbeiten. Da manche

Neuregelung in Ihrem Schreiballtag jedoch eine eher geringe Rolle spielen wird, können Sie sich auch zunächst auf die häufig vorkommenden Fälle beschränken und das für Sie weniger Wichtige im Bedarfsfall nachholen. Das Wort- und Sachregister am Ende des Bandes erleichtert es Ihnen, Lerneinheiten unabhängig von der vorgegebenen Reihenfolge zu bearbeiten.

Jede der 40 Lerneinheiten ist gleich aufgebaut:

Sie finden zuerst die Regelformulierung, die Sie am § erkennen können.

Daran schließen sich Erläuterungen und Beispiele an, wenn nötig gefolgt von Ausnahmen [!]

und [>] Querverweisen auf andere Abschnitte.

Das  markiert weitere wissenswerte Informationen.

Die Übungen, die die meisten Einheiten abschließen, erlauben Ihnen, das theoretisch Erarbeitete sofort praktisch anzuwenden.

Sie sind mit [1] Aufgabe kenntlich gemacht. Die Nummer erleichtert Ihnen das Auffinden der entsprechenden Auflösung am jeweiligen Kapitelende. [1] Lösung

Ein zusammenfassender Abschlusstest [A] Test nach jedem Kapitel und der komprimierte Gesamttest am Ende des Lehrgangs geben Ihnen eine verlässliche Rückmeldung über die erreichten Lernfortschritte und noch verbliebene Kenntnislücken.
Der folgende kurz gefasste Regelabriss am Schluss des Buches

bietet sich zur schnellen Wiederholung und Auffrischung Ihrer neu erworbenen Kenntnisse an.
Im Verzeichnis wichtiger Fachausdrücke, das den Lerneinheiten vorangestellt ist, finden Sie bei Bedarf Erläuterungen und Beispiele zu den verwendeten Begriffen.

Wo finden Sie weitere Informationen und Umstellungshilfen?

- Alle neuen Regeln und Schreibungen enthält die 23. Auflage von *Duden – Die deutsche Rechtschreibung.*
- Zum schnellen Nachschlagen und Wiederholen der wesentlichen Regeln und zum Auffrischen der Grundkenntnisse empfiehlt sich die Broschüre *Duden. Deutsche Rechtschreibung – kurz gefasst.*
- Die *Duden-Sprachberatung* beantwortet Ihre konkreten Fragen (nicht nur) zur neuen Rechtschreibung gerne persönlich, und zwar montags bis freitags von 9 bis 17 Uhr unter folgenden Rufnummern:

Aus Deutschland:	0900 1 870098 (1,86 EUR pro Minute aus dem Festnetz)
Aus Österreich:	0900 484833 (1,80 EUR pro Minute aus dem Festnetz)
Aus der Schweiz:	0900 902804 (3,13 CHF pro Minute aus dem Festnetz)

➔ Verzeichnis wichtiger Fachausdrücke

Ableitung: Art der Wortbildung mithilfe von Präfixen/Vorsilben (z. B. *arbeiten* → *bearbeiten*) und Suffixen/Nachsilben (z. B. *rechnen* → *Rechnung*)

Adjektiv, auch Eigenschaftswort: deklinierbares/beugbares und komparierbares/steigerbares Wort, das eine Eigenschaft oder ein Merkmal bezeichnet (z. B. *schön*)

Adjektiv, substantiviertes: Adjektiv, das als Substantiv/Hauptwort gebraucht wird (z. B. *das Schöne*)

Adverb, auch Umstandswort: nicht flektierbares/beugbares Wort, das einen Umstand angibt (z. B. *dahin, freitags*)

Artikel: deklinierbares/beugbares Wort, das ein Substantiv/ Hauptwort begleitet (z. B. *der Hund, eine Katze*)

Attribut, auch Beifügung: nicht notwendige Anreicherung eines Satzgliedes (z. B. *das große Haus, Whisky pur*)

Begleitsatz: Satz, mit dem wörtlich Wiedergegebenes eingeordnet, angekündigt oder abgeschlossen wird (z. B. *Sie sagte: „Wir sprechen morgen weiter.“*)

Beugungsform: deklinierte/gebeugte Form eines Substantivs (z. B. *zu Hause*), Artikels (z. B. *dem Manne*), Pronomens (z. B. *ihrer Schwester*) oder Adjektivs (z. B. *die große Glocke*); konjugierte/gebeugte Form eines Verbs (z. B. *sie ging, er isst*)

Diphthong, auch Doppellaut: Gleitlaut aus zwei Vokalen (z. B. *au, eu*)

Doppelkonsonanz: Folge von zwei Konsonanten/Mitlauten (z. B. *dennoch, Mittag*)

Indefinitpronomen, auch unbestimmtes Fürwort: Untergruppe der Pronomen/Fürwörter (z. B. *einige, jemand*)

Infinitiv: Nenn-, Grundform des Verbs/Zeitworts (z. B. *lesen, arbeiten*)

Initialwort, auch Akronym oder Buchstabenwort: Wort, das aus den Anfangsbuchstaben oder -silben mehrerer Wörter gebildet ist (z. B. *NATO, TÜV*)

Interjektion, auch Empfinde-, Ausrufewort: nicht flektierbares/beugbares Wort, das u. a. dem Ausdruck einer Empfindung, Gemütsbewegung dient (z. B. *au, bäh*)
Kardinalzahl, auch Grundzahl (z. B. *null, zwei, vierzig, hundert*)
Kommentarsatz, siehe Begleitsatz
Konjunktion, auch Bindewort: nicht flektierbares/beugbares Wort, das der Verknüpfung von Wörtern dient (z. B. *und, oder*)
Konsonant, auch Mitlaut (z. B. *m, p, s*)
Negation: Verneinung einer Aussage (z. B. *Er kommt nicht.*)
Ordnungszahl, substantivierte: Ordinalzahl/Ordnungszahl, die als Substantiv/Hauptwort gebraucht wird (z. B. *der Erste, die Zweite*)
Paarformel, auch Zwillingsformel: unveränderliches Wortpaar, das durch eine Konjunktion/ein Bindewort oder eine Präposition/ein Verhältniswort verknüpft ist (z. B. *Alt und Jung*)
Partikel, abtrennbare: Teil eines Verbs/Zeitworts, der abtrennbar ist (z. B. *untergehen – Das Schiff ging unter.*)
Partizip, auch Mittelwort: Partizip Präsens = Partizip I oder Mittelwort der Gegenwart (z. B. *spielend*), Partizip Perfekt = Partizip II oder Mittelwort der Vergangenheit (z. B. *gespielt, gegangen*)
Perfektform, siehe Partizip
Plural, auch Mehrzahl (z. B. *Kinder, Bälle*)
Possessivpronomen, auch besitzanzeigendes Fürwort: Untergruppe der Pronomen/Fürwörter (z. B. *mein, Ihr, euer*)
Prädikat, auch Satzaussage: Satzteil, der eine Aussage über das ↑Subjekt enthält (z. B. *Der Bauer pflügt seinen Acker.*)
Präfix, auch Vorsilbe, siehe Ableitung
Präposition, auch Verhältniswort: nicht flektierbares/beugbares Wort, das die Beziehung, das Verhältnis zwischen Wörtern kennzeichnet (z. B. *Sie sitzt auf dem Stuhl.*)
Pronomen, auch Fürwort: deklinierbares/beugbares Wort, Begleiter oder Stellvertreter des Substantivs (z. B. *mein Haus, irgendjemand, dieses Kind*)

Reflexivpronomen, auch rückbezügliches Fürwort: Untergruppe der Pronomen/Fürwörter (z. B. *Er kämmt sich.*)

Relativpronomen, auch bezügliches Fürwort: Untergruppe der Pronomen/Fürwörter (z. B. *Der Schüler, der/welcher nachsitzen muss.*)

Relativsatz: Nebensatz, der durch ein ↑Relativpronomen eingeleitet wird (z. B. *Das Geschenk, das/welches er mitgebracht hatte, war nicht für sie bestimmt.*)

Subjekt, auch Satzgegenstand: nennt das Wesen oder Ding, über das etwas ausgesagt wird (z. B. *Der Bauer pflügt seinen Acker.*)

Substantiv, auch Nomen oder Hauptwort: deklinierbares/beugbares Wort, das u. a. mit einem Artikel verbunden werden kann (z. B. *die Übung, ein Test*)

Substantivierung: Bildung eines Substantivs/Nomens/Hauptwortes aus einem Wort, das einer anderen Wortart angehört (z. B. *das Lesen, sein Ein und Alles*)

Suffix, auch Nachsilbe, siehe Ableitung

Umlaut: Bezeichnung für die Vokale/Selbstlaute *ä, ö, ü*

Verb, auch Zeitwort: konjugierbares/beugbares Wort, mit dem das Prädikat/die Satzaussage gebildet wird (z. B. *schreiben, sie schreibt*)

Vokal, auch Selbstlaut (*a, e, i, o, u*)

Wortstamm: der um Wortbildungssilben und Flexions-/Beugungselemente verkürzte Teil eines Wortes (z. B. *er-stell-en, Dunkel-heit*), beim Verb der um die Infinitivendung verkürzte Wortteil (z. B. *denk-en*)

Zahladjektiv: Adjektiv/Eigenschaftswort, das eine Zahl bezeichnet (z. B. *zwei, vierzig*)

Zahlwort, unbestimmtes = unbestimmtes Zahladjektiv: Adjektiv/Eigenschaftswort, mit dem eine unbestimmte Menge oder ein unbestimmtes Maß angegeben wird (z. B. *viel, wenig*)

Zitatwort: eine aus einer anderen Sprache ins Deutsche übernommene Benennung, bei der der bezeichnete Gegenstand oder Sachverhalt im deutschsprachigen Gebiet nicht existiert (z. B. *Lord Mayor*)

→ A. Laut-Buchstaben-Zuordnung

Bei der Zuordnung von Lauten und Buchstaben sind keine tief greifenden Änderungen vorgenommen worden. So spektakulär von der Presse herausgestellte Neuschreibungen wie *Keiser* statt *Kaiser* oder *Filosofie* statt *Philosophie* gibt es nicht. Selbstverständlich sind einige der Veränderungen gewöhnungsbedürftig, aber in den meisten Fällen können Sie auch in Zukunft so schreiben wie bisher.

In der Hauptsache bewirken die Neuregelungen Folgendes:

1. Abweichungen vom Stammprinzip werden nach Möglichkeit beseitigt. Dabei geht es um Wörter, die nach unserem Verständnis zwar zur gleichen Wortfamilie gehören, aber bislang dennoch unterschiedlich geschrieben wurden; so zum Beispiel *Nummer,* aber *numerieren* oder *Hände,* aber *behende.* Die abweichenden Schreibungen sind nun an den regulären Wortstamm angepasst, sodass Sie sich diese nicht mehr besonders einprägen müssen.

2. Die Schreibung von Fremdwörtern wird in einigen Fällen den deutschen Schreibgepflogenheiten angeglichen. Dies betrifft vor allen Dingen solche Fremdwörter, bei denen Sie schon längst eingedeutschten Formen begegnen oder sie in Ihrer alltäglichen Schreibpraxis sogar selbst verwenden. Dann können Sie so weiterschreiben wie bisher. Mit den Neuregelungen soll die eindeutschende Schreibung behutsam unterstützt werden. Dies zeigt sich deutlich daran, dass zumeist alte und neue Schreibung als Varianten nebeneinander fortbestehen. Sie können also in Zukunft *Biografie* oder *Diktafon* schreiben, können aber auch bei *Biographie* und *Diktaphon* bleiben.

1. Verdoppelung von Konsonantbuchstaben

§

In einer Reihe von Einzelwörtern wird der Konsonantbuchstabe nach kurzem Vokal verdoppelt.

Diese Verdoppelung bringt für Sie eine Erleichterung, denn nun sind die Schreibungen mit nur einem Konsonantbuchstaben an die Schreibungen mit zwei Konsonanten angeglichen. Sie brauchen sich also die Ausnahmen mit nur einem Konsonantbuchstaben nicht mehr besonders zu merken.
Die Neuerung betrifft zum einen Fälle, in denen die Flexionsformen schon immer Doppelkonsonanz hatten:
Ass, Karoass wegen *des Asses, die Asse*
Zum andern ist sie begründet durch die Existenz von Wörtern, die zur selben Wortfamilie gehören und ebenfalls schon immer Doppelkonsonanz aufweisen:
Karamell und *karamellisieren* wegen *Karamelle; Messner* wegen *Messe; Mopp* wegen *moppen; Stopp* wegen *stoppen; (durch)nummerieren* und *Nummerierung* wegen *Nummer; Quickstepp* und *Steppdecke* wegen *steppen; Börsentipp* und *Tipp* wegen *tippen; Tollpatsch* und *tollpatschig* wegen *toll.*

Auch die folgenden Angleichungen in der Schreibung entlasten die Liste der Ausnahmen, die Sie sich bisher einprägen mussten:
platzieren, ein unplatzierter Schuss wegen *Platz; Stuckatur, Stuckateur* wegen *Stuck.*

Eine Verdoppelung des *t* findet sich noch in *Plattitüde,* zu dem es auch die Form *Platitude* gibt.

[1] Aufgabe

Ergänzen Sie die fehlenden Konsonantbuchstaben!

Wer zu den Börsena__en gehören will, der darf nicht wie ein To__patsch herumlaufen und beispielsweise Zeit auf die Nu__erierung der besten Ti__s verschwenden. Wer so seine Aufträge zu pla__ieren versucht, der sollte lieber unter der Ste__decke bleiben und das Börsenparkett meiden.

2. Die Schreibung von Umlauten

§

In einigen Wörtern wird e durch ä ersetzt.

Die Schreibung dieser Wörter richtet sich entweder nach dem Stammprinzip oder lehnt sich an andere Wörter an, die zur gleichen Wortfamilie gehören:
behände und *Behändigkeit* wegen *Hand; Bändel* wegen *Band; belämmert* wegen *Lamm; einbläuen* und *verbläuen* wegen *blau; Gämse* wegen *Gams; Gräuel* und *gräulich* wegen *grausen* und *grausam; Quäntchen* wegen *Quantum; schnäuzen* wegen *Schnäuzchen* und *Schnauze; Glimmstängel, langstängelig, Poussierstängel* und *Stängel* wegen *Stange; überschwänglich* wegen *Überschwang; Schneewechte, Wechte* wegen *Schneewehe.*

[!] Bisher durften Sie nur **Schenke** schreiben, jetzt ist auch **Schänke** möglich (wegen **ausschenken** und **Ausschank**). Zu **aufwendig** tritt die Schreibvariante **aufwändig** (wegen des Nebeneinanders von **aufwenden** und **Aufwand**).

Doch Achtung! Unverändert bleiben *Eltern* (trotz *alt*) und *schwenken* (trotz *schwanken*).

Ergänzen Sie die fehlenden Vokalbuchstaben!

[2]
Aufgabe

In einem aufw__ndigen Verfahren wurde der neue Extrakt analysiert. Dabei ging zwar kein Qu__ntchen des Stoffs verloren, doch die überschw__nglichen Erwartungen erfüllten sich keineswegs. Ganz im Gegenteil, die beiden Erfinder blickten ziemlich bel__mmert drein.

Die besorgten __ltern wollten ihre Kinder vor den Gefahren der Berge bewahren. Da sie sie nicht am B__ndel führen konnten, versuchten sie ihren Sprösslingen wenigstens einzubl__uen, dass sie die Felskanten meiden sollten. Schließlich seien sie keine beh__nden G__msen. Obwohl es Vater und Mutter ein Gr__uel war, beschlossen sie, in der Sch__nke auf die Rückkehr der Kinder zu warten.

3. Nach kurzem Vokal steht Doppel-s

§

Nach kurzem (betontem) Vokal wird ß durch ss ersetzt.
Ein Wechsel zwischen ss und ß findet nicht mehr statt.

Bisher galt, dass nach kurzem Vokal im Auslaut und vor Konsonant *ß* geschrieben wurde. Sie mussten also darauf achten, ob jeweils *ss* oder *ß* zu schreiben war: *müssen – ich muß, wir müssen – wir mußten.* Demgegenüber stellt die Neuregelung eine Vereinfachung dar, weil jetzt die Wortstämme stets gleich geschrieben werden: *müssen – ich muss, wir müssen – wir mussten.* Außerdem können Sie in mehr Fällen als bisher die Schreibung aus der Lautung ableiten gemäß der Regel „Nach langem Vokal und Diphthong (Doppellaut) *ß*, nach kurzem Vokal *ss*“: *das Floß – der Fluss, der Ruß – der Schuss, das Maß – das Fass, dem Maße – die Masse, reißen – der Riss.*

Aus der Unzahl von möglichen Beispielen für die neue **ss**-Schreibung nach kurzem Vokal hier nur eine kleine Auswahl zum Eingewöhnen:
Abszess, Baroness, Begrüßungskuss, bisschen, Boss, erfasst, Essecke, Fairness, Gässchen, Gewissensbiss, Imbiss, Kisschen, missachten, missfallen, Missgunst, missmutig, Stress, Tross, Weißrussland.

[!] Achten müssen Sie aber weiterhin auf einige Verben, bei denen sich bei der Beugung die Vokallänge ändert oder von denen Substantive abgeleitet worden sind: **fließen – er floss – der Fluss – das Floß; genießen – er genoss – der Genuss; wissen – sie weiß – sie wusste.**
Weitere Beispiele:
Abriss, aber **abreißen; er beschloss, der Beschluss,** aber **beschließen; Biss,** aber **beißen; Geschoss, Schuss,** aber **schießen; er goss, der Guss,** aber **gießen; gerissen,** aber **reißen; ich habe gesessen,** aber **ich saß; Schloss, Schluss,** aber **schließen; schmissig,** aber **schmeißen.**

Auch die Konjunktion *daß* wird neu regelgerecht mit Doppel-*s* geschrieben: *dass.* Damit bleibt die unterschiedliche Schreibung der Konjunktion *dass* und des Artikels bzw. Pronomens *das* weiterhin erhalten.

Falls Sie ein Wort mit *ß* in Großbuchstaben schreiben, dann ersetzen Sie *ß* durch *SS: STRASSE, GROSSBUCHSTABE.*

Wenn Sie auf Texte stoßen, in denen nur *ss* und kein *ß* erscheint, dann stammen diese vermutlich aus der Schweiz. Denn wie in der Vergangenheit gilt auch weiterhin: In der Schweiz wird *ß* im Allgemeinen nicht verwendet.

Diesem Regelungsbereich liegt im Übrigen die deutsche Standardsprache zugrunde. Es bleibt also beim *ß* in Wörtern wie *Spaß* oder *Fußball*, auch wenn die vorangehenden Vokale in manchen Sprachgebieten oder Mundarten kurz ausgesprochen werden.

[!] Zwei aussprachebedingte Sonderfälle sind allerdings zu beachten: Wer *Löss, Lössboden, Lössschicht/Löss-Schicht* mit kurzem *ö* spricht, der schreibt auch *ss*, wer ein langes *ö* spricht, der schreibt *ß: Löß, Lößboden, Lößschicht.*

In Österreich gilt – ebenfalls wegen der Aussprache – weiterhin *Erdgeschoß* statt *Erdgeschoss, Kellergeschoß* statt *Kellergeschoss, Obergeschoß* statt *Obergeschoss, Zwischengeschoß* statt *Zwischengeschoss.* Ebenso: *Wurfgeschoß* statt *Wurfgeschoss.*

Noch eine gute Nachricht: Sie können *so dass* jetzt auch zusammenschreiben! Die Formen *sodass* und *so dass* sind beide korrekt.

[>] Die Schreibung von Doppel-*s* nach kurzem Vokal kann dazu führen, dass bei Wortzusammensetzungen drei *s* zusammentreffen. Wie damit umzugehen ist, erfahren Sie in Abschnitt 4.

ss oder *ß*? Füllen Sie die Lücken aus! [3] Aufgabe

„Wei__t du, wie viel Sternlein stehen?“, hei__t es im Lied. Natürlich wi__en wir das nicht. Ob wir es wirklich gern wü__ten? Auf jeden Fall ist es eine ganze Ma__e, und ihre Zahl scheint zuzunehmen in dem Ma__e, in dem Satelliten ins All vorsto__en. Fragen wir also nicht nach einer verlä__lichen Zahl, sondern geben wir uns dem Genu__ ihres Anblicks hin, solange hä__liche Wolken sie unseren Augen nicht entziehen. Ein bi__chen

Sentimentalität mag dabei nicht schaden. Wer jedoch so anfällig ist, da__ ihm beim Anblick der Sterne die Augen wä__rig werden, der schlie__e sie lieber und halte sie fest geschlo__en, bis die Sterne verbla__t sind. Dann genie__e er den Sonnenaufgang; auch das kann ein unverge__liches Erlebnis sein.

4. Zusammentreffen dreier gleicher Buchstaben

§

Wenn in Zusammensetzungen drei gleiche Konsonant- oder Vokalbuchstaben aufeinander treffen, so werden sie alle geschrieben. Auf diese Weise bleibt die Schreibung der Wortstämme erhalten.

Bisher galt aus Gründen der Schriftästhetik die Regel, dass drei Konsonantbuchstaben nur dann geschrieben werden, wenn ein weiterer Konsonant folgt (zum Beispiel *Balletttruppe*, aber *Ballettänzerin; Schifffracht*, aber *Schiffahrt*). Diese Differenzierung wird aufgegeben, sodass Sie jetzt problemlos drei Konsonantbuchstaben schreiben, gleichgültig was folgt:
Balletttänzerin, Balllokal, Bestellliste, Betttuch, Bitttag, Brennnessel, Dampfschifffahrt, Falllinie, Fußballländerspiel, Geschirrreiniger, Gewinnnummer, grifffest, Großschifffahrtsweg, helllicht, helllila, Kammmacher, Kämmmaschine, Kammmuschel, Kennnummer, Klemmmappe, Kontrolllampe, Kontrollliste, Krepppapier, Kristalllüster, Kunststofffolie, Metalllegierung, Mullläppchen, Nulllage, Nullleiter, Nulllösung, Programmmusik, Rammmaschine, Rollladen, Schalllehre, Schallloch, Schifffahrt, Schlammmasse, Schmuckblatttelegramm, Schnellläufer, schnelllebig, Schnelllebigkeit, Schritttempo, schussstark, Schwimmmeister, Sperrrad, Sperrriegel, Stalllaterne, Stammmutter, Stemmmeißel, Stillleben, stilllegen, Stilllegung, Stofffarbe, Stofffetzen, Stofffülle, Tufffelsen, Werkstoffforschung, Wettteufel, Wettturnen, Wolllappen, Wolllaus, Zechenstilllegung, Zelllehre, Zellstofffabrik.

Die meisten Zusammensetzungen, in denen drei gleiche Konsonantbuchstaben aufeinander treffen, sind Substantive. Es gibt jedoch auch Beispiele für Adjektive und Verben:
grifffest, helllicht, helllila, schnelllebig; stilllegen, wettturnen.

Selbstverständlich gilt die Dreifach-Schreibung auch in den Fällen, in denen – wie im Abschnitt 3 ausgeführt – nun *ss* anstatt *ß* geschrieben werden muss. Da diese Fälle einen erheblichen Teil der Liste mit den 3-Konsonanten-Schreibungen ausmachen, sollten Sie sich gut merken: *ss* nach kurzem Vokal kann oft zur Schreibung *sss* führen. So zum Beispiel in:
Basssänger, Delikatesssenf, Einschussstelle, Flusssand, Flussschifffahrt, Flussspat, Fresssack, Haselnussstrauch, Imbissstand, Kommissstiefel, Kongresssaal, Kongressstadt, Messstab, Missstand, Nassschnee, Nussschale, Nussschokolade, Nussstrudel, Passstelle, Passstraße, Presssack, Pressschlag, Pressspan, Reißverschlusssystem, Schlusssatz, Schlussspurt, Schlussstrich, Schussschwäche, Stresssituation, Verschlusssache.

Zusammensetzungen, bei denen drei Vokalbuchstaben aufeinander treffen, sind relativ selten:
Armeeeinheit, Hawaiiinseln, Kaffeeernte, Kaffeeersatz, Kleeeinsaat, Kleeernte, Schneeeifel, Schneeeule, Seeelefant, Teeei, Teeernte, Zooorchester.

Sie können in diesen Zusammensetzungen aber auch die – bisher bei Substantiven obligatorische – Schreibung mit Bindestrich beibehalten:
Armee-Einheit, Hawaii-Inseln, Kaffee-Ernte, Kaffee-Ersatz, Klee-Einsaat, Klee-Ernte, Schnee-Eifel, Schnee-Eule, See-Elefant, Tee-Ei, Tee-Ernte, Zoo-Orchester.

[!] Ausnahmen von der Regel sind **dennoch, Drittel, Mittag,** bei denen der dritte Konsonantbuchstabe auch weiterhin entfällt, da diese

Wörter nicht mehr als Zusammensetzungen betrachtet werden. Das zeigt sich auch an ihrer Trennung, bei der sie schon immer nur zwei Konsonantbuchstaben hatten: **den-noch, Drit-tel, Mit-tag.**

Es gibt auch Fälle, in denen bisher beim Aufeinandertreffen nur zweier gleicher Buchstaben einer nicht geschrieben wurde. Auch hier führt die Neuregelung zum Erhalt des zweiten Buchstabens:
Rohheit (zu *roh*); *Zähheit* (zu *zäh*); *Zierrat* (wie *Vorrat*).

Neben *selbständig, verselbständigen* sind jetzt auch *selbstständig, verselbstständigen* korrekt.

[>] Die Schreibung mit drei gleichen Konsonantbuchstaben ist sicherlich gewöhnungsbedürftig. Aber wie bei dem Aufeinandertreffen dreier Vokale haben Sie auch beim Zusammentreffen dreier Konsonanten die Möglichkeit, einen Bindestrich zu verwenden *(Schifffahrt* oder *Schiff-Fahrt, Nassschnee* oder *Nass-Schnee)*. Genaueres dazu finden Sie in Abschnitt 17.

Bilden Sie aus den hervorgehobenen Wörtern eine Zusammensetzung! [4] Aufgabe

Ein **schneller Läufer** schafft diese Distanz in wenigen Minuten.
Ein .... schafft diese Distanz in wenigen Minuten.

Der **Satz** am **Schluss** von Werbeschreiben sollte eine klare Botschaft enthalten.
Der .... von Werbeschreiben sollte eine klare Botschaft enthalten.

In diesem Fall empfehle ich ein **Telegramm,** das aus einem **Schmuckblatt** besteht.
In diesem Fall empfehle ich ein ....

Diese **Maschine,** die zum Ein**rammen** von Stahlrohren dient, ist unsere neueste Entwicklung.
Diese .... ist unsere neueste Entwicklung.

Die **Stelle,** in der die **Pässe** ausgegeben werden, befindet sich im vierten Stock.
Die .... befindet sich im vierten Stock.

Die **Straße** über den **Pass** war sehr gut ausgebaut.
Die .... war sehr gut ausgebaut.

Für **Schokolade** mit **Nüssen** verzichte ich auf jedes Wurstbrot.
Für .... verzichte ich auf jedes Wurstbrot.

Der **Stab** zum **Messen** des **Öls** befindet sich am Motor.
Der .... befindet sich am Motor.

In **nassem Schnee** kann man nicht wedeln.
In .... kann man nicht wedeln.

Verwenden Sie zum Abdecken ein **Läppchen** aus **Mull.**
Verwenden Sie zum Abdecken ein ....

Papier aus **Krepp** eignet sich besonders gut als Geschenkverpackung.
.... eignet sich besonders gut als Geschenkverpackung.

Die **Ernte** des **Kaffees** wird sorgfältig überwacht.

Die .... wird sorgfältig überwacht.

Dieser **Reiniger** für Ihr **Geschirr** reicht länger und kostet weniger.
Dieser .... reicht länger und kostet weniger.

Im **Fußball** sind **Länderspiele** besonders emotionsgeladen.
.... sind besonders emotionsgeladen.

Gefrorenes Wasser aus Schneekanonen ist kein angemessener **Ersatz** für **Schnee.**
Gefrorenes Wasser aus Schneekanonen ist kein angemessener
....

Die **Liste** für die zu **bestellenden** Ersatzteile muss noch heute abgeschickt werden.
Die .... für die Ersatzteile muss noch heute abgeschickt werden.

5. Die Eindeutschung von Fremdwörtern

§

Die Wortbestandteile phon, phot und graph können durch fon, fot und graf ersetzt werden, die Schreibungen -tial und -tiell in einigen Fällen durch -zial und -ziell.

Mit dieser Regelung wird die Schreibung von Wörtern, die aus anderen Sprachen entlehnt worden sind, vorsichtig an die deutsche Schreibweise angepasst. Diese Anpassung führt dazu, dass nun in einigen Fällen zwei Schreibvarianten zugelassen sind. Sie können sich also entscheiden, ob Sie an der bisherigen Schreibung festhalten wollen oder ob Sie die neu geschaffenen

Möglichkeiten nutzen. Betroffen sind vor allem Fremdwörter mit den häufig verwendeten Bestandteilen *phon, phot* und *graph,* zum Beispiel:
Biografie und *Biographie, Diktafon* und *Diktaphon, grafisch* und *graphisch, Grafologe* und *Graphologe, Grammofon* und *Grammophon, Kartografie* und *Kartographie, Mikrofon* und *Mikrophon, Paragraf* und *Paragraph, fotogen* und *photogen, Fotokopie* und *Photokopie, Pornografie* und *Pornographie, Quadrofonie* und *Quadrophonie, stereofon* und *stereophon, Stenografie* und *Stenographie, Xylofon* und *Xylophon.*

Darüber hinaus können nur in Einzelfällen *gh* zu *g, ph* zu *f, rh* zu *r* und *th* zu *t* werden:
Jogurt und *Joghurt; Spagetti* und *Spaghetti* (wie bisher schon *Getto* oder *Finn-Dingi*);
Delfin und *Delphin;*
Hämorriden und *Hämorrhoiden; Katarr* und *Katarrh; Myrre* und *Myrrhe;*
Panter und *Panther; Tunfisch* und *Thunfisch.*

Die Schreibung *-zial/-ziell* anstatt *-tial/-tiell* wird jetzt in allen Fällen möglich, in denen sich das betroffene Wort einem verwandten Wort mit *z* zuordnen lässt. Wenn Sie sich für die eindeutschende Schreibung entscheiden, entfällt für Sie der Wechsel von *z* im Substantiv und *t* in den Ableitungen, beispielsweise *Essenz, Potenz, Sequenz,* aber *essentiell, potentiell/Potential, sequentiell.* Es sind jetzt möglich:
essenziell und *essentiell; existenzial* und *existential; Differenzial* und *Differential; differenziell* und *differentiell; Potenzial* und *Potential; potenziell* und *potentiell; preziös* und *pretiös; Preziosen* und *Pretiosen; sequenziell* und *sequentiell; substanziell* und *substantiell.*

[!] **f** für **ph** findet sich in der Hauptsache in den Wortstämmen **phon, phot** und **graph.** Wörter wie **Philosophie, Metapher, Phänomen, Physik** oder **Sphäre** werden dagegen weiterhin nur mit **ph** geschrieben. Erhalten bleiben auch **rh** beziehungsweise **th** in **Rhapsodie, Rhesusfaktor, Rhetorik, Apotheke, Diskothek, Ethos, Leichtathletik, Mathematik, Theater, Theke, These.** Diese Einschränkungen führen dazu, dass beispielsweise das **ph** in **Orthographie** durch **f** ersetzt werden kann, nicht aber das **th** durch **t: Orthografie.**

Offensichtlich wirkt die Andekdote, Kaiser Wilhelm II. habe das *h* in *Thron* gerettet, indem er dekretierte, am Thron dürfe nicht gerüttelt werden, noch immer nach: Das *h* in *Thron* bleibt uns erhalten!
Dafür haben sich aber *Telefon/telefonieren* und *Foto/fotografieren* als allein gültige Schreibungen durchgesetzt.

Ergänzen Sie die Lücken! [5] Aufgabe

Wer sich in den S__ären der Ma__ematik bewegt, der geht sicherlich mit Differen__ialrechnung und poten__iellen Zahlen um. Von welchem E__os er dabei bewegt wird, ja was für ihn überhaupt essen__iell ist, brauchen wir nicht zu wissen. Ob er lieber __apsodien hört, sich in Disko__eken müde tanzt oder Leichta__letikveranstaltungen besucht, ob er gern Spa__etti mit Jo__urtsoße isst, braucht uns nicht zu interessieren. Es ist auch gleichgültig, ob er Del__ine im Aquarium bewundert, während er den __unfisch dagegen eher als Salat schätzt. Auch seine __iloso__ie ist uns egal, Hauptsache, er beherrscht die Or__ogra__ie!

6. Der Plural englischer Wörter auf -y

§

Wörter aus dem Englischen, die auf -y enden, erhalten im Plural ein -s.

Singular	Plural
Baby	**Babys**
City	**Citys**
Lady	**Ladys**
Lobby	**Lobbys**
Party	**Partys**
Rowdy	**Rowdys**
Shortstory/Short Story	**Shortstorys/Short Storys**

Dieser *s*-Plural bedeutet eine Vereinfachung vor allem bei solchen Wörtern, denen wir im Alltag ständig begegnen und bei denen wir vielfach gar nicht mehr daran denken, dass sie im Englischen den Plural mit *-ies* bilden.

Wenn Sie ein englisches Zitatwort verwenden, dann gilt die Originalschreibung, zum Beispiel *Grand Old Ladies.*

Wer zu den Börsena**ss**en gehören will, der darf nicht wie ein To**ll**patsch herumlaufen und beispielsweise Zeit auf die Nu**mm**erierung der besten Ti**pp**s verschwenden. Wer so seine Aufträge zu pla**tz**ieren versucht, der sollte lieber unter der Ste**pp**decke bleiben und das Börsenparkett meiden.

1 Lösung

In einem aufw**e**ndigen/aufw**ä**ndigen Verfahren wurde der neue Extrakt analysiert. Dabei ging zwar kein Qu**ä**ntchen des Stoffs verloren, doch die überschw**ä**nglichen Erwartungen erfüllten sich keineswegs. Ganz im Gegenteil, die beiden Erfinder blickten ziemlich bel**ä**mmert drein.

2 Lösung

Die besorgten **E**ltern wollten ihre Kinder vor den Gefahren der Berge bewahren. Da sie sie nicht am B**ä**ndel führen konnten, versuchten sie ihren Sprösslingen wenigstens einzubl**äu**en, dass sie die Felskanten meiden sollten. Schließlich seien sie keine beh**ä**nden G**ä**msen. Obwohl es Vater und Mutter ein Gr**äu**el war, beschlossen sie, in der Sch**e**nke/Sch**ä**nke auf die Rückkehr der Kinder zu warten.

„Wei**ß**t du, wie viel Sternlein stehen?", hei**ß**t es im Lied. Natürlich wi**ss**en wir das nicht. Ob wir es wirklich gern wü**ss**ten? Auf jeden Fall ist es eine ganze Ma**ss**e, und ihre Zahl scheint zuzunehmen in dem Ma**ß**e, in dem Satelliten ins All vorsto**ß**en. Fragen wir also nicht nach einer verlä**ss**lichen Zahl, sondern geben wir uns dem Genu**ss** ihres Anblicks hin, solange hä**ss**liche Wolken sie unseren Augen nicht entziehen. Ein bi**ss**chen Sentimentalität mag dabei nicht schaden. Wer jedoch so anfällig ist, da**ss** ihm beim Anblick der Sterne die Augen wä**ss**rig werden, der schlie**ß**e sie lieber und halte sie fest geschlo**ss**en, bis die Sterne verbla**ss**t sind. Dann genie**ß**e er den Sonnenaufgang; auch das kann ein unverge**ss**liches Erlebnis sein.

3 Lösung

Ein **Schnellläufer/Schnell-Läufer** schafft diese Distanz in wenigen Minuten. Der **Schlusssatz/Schluss-Satz** von Werbeschreiben sollte eine klare Botschaft enthalten.

4 Lösung

In diesem Fall empfehle ich ein **Schmuckblatttelegramm/Schmuckblatt-Telegramm**.
Diese **Rammmaschine/Ramm-Maschine** ist unsere neueste Entwicklung.
Die **Passstelle/Pass-Stelle** befindet sich im vierten Stock.
Die **Passstraße/Pass-Straße** war sehr gut ausgebaut.
Für **Nussschokolade/Nuss-Schokolade** verzichte ich auf jedes Wurstbrot.
Der **Ölmessstab/Ölmess-Stab** befindet sich am Motor.
In **Nassschnee/Nass-Schnee** kann man nicht wedeln.
Verwenden Sie zum Abdecken ein **Mullläppchen/Mull-Läppchen**.
Krepppapier/Krepp-Papier eignet sich besonders gut als Geschenkverpackung.
Die **Kaffeeernte/Kaffee-Ernte** wird sorgfältig überwacht.
Dieser **Geschirrreiniger/Geschirr-Reiniger** reicht länger und kostet weniger.
Fußballländerspiele/Fußball-Länderspiele sind besonders emotionsgeladen.
Gefrorenes Wasser aus Schneekanonen ist kein angemessener **Schneeersatz/Schnee-Ersatz**.
Die **Bestellliste/Bestell-Liste** für die Ersatzteile muss noch heute abgeschickt werden.

[5] Lösung

Wer sich in den S**ph**ären der Ma**th**ematik bewegt, der geht sicherlich mit Differen**z**ialrechnung/Differen**t**ialrechnung und poten**z**iellen/poten**t**iellen Zahlen um. Von welchem E**th**os er dabei bewegt wird, ja was für ihn überhaupt essen**z**iell/essen**t**iell ist, brauchen wir nicht zu wissen. Ob er lieber **Rh**apsodien hört, sich in Disko**th**eken müde tanzt oder Leichta**th**letikveranstaltungen besucht, ob er gern Spa**g**etti/Spa**gh**etti mit Jo**g**urtsoße/Jo**gh**urtsoße isst, braucht uns nicht zu interessieren. Es ist auch gleichgültig, ob er Del**f**ine/Del**ph**ine im Aquarium bewundert, während er den **T**unfisch/**Th**unfisch dagegen eher als Salat schätzt. Auch seine **Ph**iloso**ph**ie ist uns egal, Hauptsache, er beherrscht die Or**th**ogra**f**ie/Or**th**ogra**ph**ie!

[A] Test

Tragen Sie die richtigen Wortschreibungen in die Lücken ein!

Der Lottogewinn

Wie jeden Samstagabend sa(ss/ß) .... die Familie Kuntz einträchtig vor dem Fernsehschirm und fieberte der Ziehung der Lottozahlen entgegen. Da(s/ss/ß) .... Ausfüllen der Lottoscheine gehörte zu Herrn Kuntz' Hobbys/Hobbies .... und wurde immer bereits montags erledigt. Seine persönliche Ziffernfolge kannte er längst auswändig/auswendig .... , da er alle Kreuzchen schon seit Jahren auf den gleichen Zahlen platzierte/plazierte .... In dieser Woche wollte ausnahmsweise Opa Kuntz dafür sorgen, da(s/ss/ß) .... die Scheine pünktlich zur Annahmestelle gelangten.

Endlich war das Fu(ss/ß)ball(l)änderspiel .... überstanden und die Moderatorin kündigte die Ziehung der Gewinn(n)ummern .... an. Zuerst warf das Gerät die 19 aus, dann die 4 und schließlich die 26. Der Vater wurde zusehends nervöser, denn bisher stimmten alle Zahlen mit den angekreuzten überein. Als die 42 gezogen wurde, hielt es ihn nicht mehr im Sofa und er a(ss/ß) .... hastig ein Stück Nu(s/ss/ß)schokolade .... nach dem anderen, soda(s/ss/ß) .... auch Frau Kuntz ein bi(ss/ß)chen .... aufgeregter wurde. Nur Sohn Robert merkte, da(s/ss/ß) .... Opa sich immer häufiger die Nase schnäuzte/schneuzte .... und unruhig seine Brieftasche durchsuchte. Da(s/ss/ß) .... die nächste Zahl eine Niete war, sorgte nur kurz für Mi(s/ss/ß)stimmung .... , denn die letzte gezogene Ziffer war die 34. Nun hatte man fünf Richtige und eine hübsche Summe Geld. Herr Kuntz freute sich schon überschwänglich/überschwenglich .... auf die vielen Partys/Parties .... , die man damit steigen lassen könnte, während Mutter auf einen neuen Geschirr(r)einiger .... hoffte, der ihr den aufwändigen/aufwendigen .... Abwasch ersparen würde.

Unvermittelt ri(ss/ß) .... Opa sie jedoch aus allen Träumen: „Entschuldigt bitte“, unterbrach er vorsichtig die Begeisterung, „aber ich habe vergessen eure Lottotip(p)s .... abzugeben.“ Verlegen reichte er dem entsetzten Älternpaar/Elternpaar .... die sorgfältig durchnum(m)erierten .... Formulare.

Herrn Kuntz’ Roh(h)eit .... kannte nun keine Grenzen mehr, so sehr sich Opa auch für sein Mi(ss/ß)geschick .... entschuldigte: „Du Tol(l)patsch .... “, beschimpfte er den belämmert/belemmert .... dreinblickenden Gro(ss/ß)-vater .... , „kannst du denn gar nichts selb(st)ständig .... erledigen?“ Da der Schuldbewu(ss/ß)te .... dieser Stre(s/ss/ß)situation .... nicht gewachsenen war, mu(ss/ß)te .... sein Enkel Robert ein Beruhigungsmittel aus der Nachtapoteke/Nachtapotheke .... besorgen, derweil Frau Kuntz ihrem Mann zur Besänftigung sein Leibgericht zubereitete: Spagetti/Spaghetti .... mit Tunfischso(ss/ß)e/Thunfischso(ss/ß)e ....

Denn(n)och .... sollte es viele Tage dauern, bis Vater Kuntz unter diesen gräulichen/greulichen .... Abend einen Schlu(s/ss/ß)strich .... ziehen konnte.

B. Getrennt- und Zusammenschreibung

Wie Sie ja aus Ihrer täglichen Schreiberfahrung wissen, gibt es gerade bei der Getrennt- und Zusammenschreibung häufig Zweifelsfälle und Unsicherheiten: Heißt es *haften bleiben* oder *haftenbleiben, nicht öffentlich* oder *nichtöffentlich?* Und Sie kennen auch so manche Ungereimtheit. Wer hat da noch nie den Kopf geschüttelt über die Vorschrift, *Auto* und *fahren* getrennt schreiben zu sollen, *Rad* und *fahren* aber zusammen, also *Auto fahren,* aber *radfahren?* Der Hauptgrund für diese verwirrenden Verhältnisse liegt darin, dass die Getrennt- und Zusammenschreibung bisher noch nie generell geregelt worden ist. Überrascht Sie das? Tatsache ist, die bisher gültige Rechtschreibung regelte viel, aber doch nicht alles.

Dieser Zustand hat im Lauf der Zeit zu vielen Einzelfall- und Sonderfestlegungen geführt, denen nun mit der Neuregelung zu Leibe gerückt wird. Zu diesem Zweck folgt die Neuregelung einem sehr einfachen Grundsatz, an dem Sie sich in Ihrer täglichen Schreibpraxis ebenfalls orientieren können: Wenn es um die Frage geht „Getrennt oder zusammen?“, dann wird der Getrenntschreibung der Vorzug vor der Zusammenschreibung gegeben. Die getrennte Schreibung der Wörter bildet also den Normalfall, der nicht besonders geregelt werden muss.

Diese Entscheidung führt zu einer erheblichen Vereinheitlichung und Vereinfachung, was Ihnen das Schreibgeschäft erleichtert. Denn gemäß dem Grundsatz, dass der Getrenntschreibung der Vorzug zu geben sei, schreiben Sie in Zweifelsfällen und in bisher anders geregelten Sonderfällen neu auseinander. Dementsprechend müssen Sie jetzt *haften bleiben* und *Rad fahren* schreiben.

Es wäre doch zu schön, wenn es eine Regelung ohne Ausnahmen gäbe! Aber trotz des genannten Grundsatzes wurde in einigen Fällen zugunsten der Zusammenschreibung entschieden. Wenn Sie auf diese Beispiele stoßen, werden Sie jedoch feststellen, dass auch diese Regelungen meist zur Vereinheitlichung und Vereinfachung beitragen.

7. Die Getrenntschreibung von Substantiv und Verb

§

Verbindungen von Substantiv und Verb werden in der Regel getrennt geschrieben.

Diese Verbindungen werden jetzt grundsätzlich als Wortgruppe behandelt, was bisher ja schon für viele Fälle galt wie *Klavier spielen, Auto fahren* oder *Kartoffeln schälen,* aber beispielsweise nicht für *Rad fahren,* das als Zusammensetzung betrachtet wurde und deshalb zusammengeschrieben werden musste. Doch was Wortgruppe, was Zusammensetzung war, war nicht immer leicht zu entscheiden: Heißt es tatsächlich *maschineschreiben* oder nicht doch *Maschine schreiben?* Hatte man sich für Zusammensetzung entschieden, dann musste man auch noch auf den Wechsel zwischen Groß- und Kleinschreibung achten, also *radfahren, ich bin radgefahren,* aber *ich fahre Rad.* Solche Verkomplizierungen und Unsicherheiten sind durch die Neuregelung beseitigt, die konsequent Getrenntschreibung verlangt: *Rad fahren, ich bin Rad gefahren* und *ich fahre Rad.* Einige weitere Beispiele, für die die neue Regelung gilt:
Acht geben, Acht haben, Bankrott gehen, Eis laufen, Halt machen, Hof halten, Kegel schieben, Kopf stehen, Maschine schreiben, Maß halten, Maß nehmen, Not tun, Pleite gehen, Probe fahren, Rad schlagen.

[!] Allerdings müssen Sie auf zwei wichtige Einschränkungen achten. Die erste betrifft Verbindungen, in denen das Substantiv schon verblasst ist. Hierzu gehören:
heimreisen, heimbringen, heimsuchen, heimzahlen, irreführen, irreleiten, irrewerden, preisgeben, standhalten, stattfinden, stattgeben, teilnehmen, teilhaben, wettmachen, wundernehmen.
Wird das verblasste Substantiv abgetrennt, wird es dennoch kleingeschrieben:
viele Gäste nahmen an der Feier teil; dies zahlte ihm der Bösewicht heim; das Gericht gab der Berufung statt.

Die zweite Einschränkung betrifft Fälle, in denen Substantiv und Verb eine untrennbare Zusammensetzung bilden:
brandmarken – er brandmarkte den Übeltäter; schlafwandeln – Heidi schlafwandelte; schlussfolgern – der Logiker schlussfolgerte.

Daneben gibt es einige Beispiele, in denen neben der Zusammenschreibung auch die Getrenntschreibung möglich ist, je nachdem ob Sie die Substantiv-Verb-Verbindung als Zusammensetzung oder als Wortgruppe betrachten. Entscheiden Sie sich für die Wortgruppe, dann schreiben Sie das Substantiv groß:
danksagen – sie danksagte oder **Dank sagen – sie sagte Dank; gewährleisten – sie gewährleistet** oder **Gewähr leisten – sie leistet Gewähr; hohnlachen – er hohnlachte** oder **Hohn lachen – er lachte Hohn; haushalten – er haushaltete** oder **Haus halten – er hielt Haus.**

Die Getrenntschreibung von Substantiv und Verb gilt übrigens nicht nur für die Verben im Infinitiv, sondern auch für die Partizipformen. Hier können Sie allerdings auch bei der Zusammenschreibung bleiben, sofern Sie die beiden Wörter als Einheit verstanden wissen wollen:

eine Achtung gebietende, auch: *achtunggebietende Persönlichkeit, Ackerbau treibende,* auch: *ackerbautreibende Völker, der Aufsicht führende,* auch: *aufsichtführende Lehrer, Daten verarbeitende,* auch: *datenverarbeitende Maschinen, Deutsch sprechende,* auch: *deutschsprechende Touristen, der Dienst habende,* auch: *diensthabende Arzt, die Eisen verarbeitende,* auch: *eisenverarbeitende Industrie, die Erdöl exportierenden,* auch: *erdölexportierenden Länder, Erholung suchende,* auch: *erholungsuchende Großstädter, Feuer speiende,* auch: *feuerspeiende Drachen, das Holz verarbeitende,* auch: *holzverarbeitende Gewerbe, Kohle führende,* auch: *kohleführende Flöze, Laub tragende,* auch: *laubtragende Bäume, die Leder verarbeitende,* auch: *lederverarbeitende Industrie, die Not leidende,* auch: *notleidende Bevölkerung, eine Sporen bildende, auch: sporenbildende Pflanze, Staaten bildende,* auch: *staatenbildende Insekten.*

[!] Die Getrenntschreibung gilt allerdings nicht, wenn durch die Verbindung des Substantivs mit einem Partizip gegenüber der Wortgruppe aus Substantiv und Verb im Infinitiv ein Artikel oder eine Präposition eingespart werden kann:
angsterfüllte Blicke, ihr freudestrahlendes Lächeln, eine herzerquickende Natürlichkeit, kopfschüttelnde Zuschauer, das maßgebende Urteil, milieubedingte Kriminalität, die mondbeschienene Lichtung, eine sagenumwobene Burg, schneebedeckte Berggipfel, die todbringende Seuche.

Ob ein Artikel oder eine Präposition eingespart wird, können Sie recht einfach prüfen, indem Sie entweder die zugrunde liegende verbale Fügung oder einen Relativsatz bilden:
angsterfüllt = von Angst erfüllt (**von** wird eingespart); **herzequickend** = das Herz erquickend (**das** wird eingespart); **schneebedeckte Berggipfel** = Berggipfel, die mit Schnee bedeckt sind (**mit** wird eingespart); **die todbringende Seuche** = eine Seuche, die den Tod bringt (**den** wird eingespart).

Zusammengeschrieben wird darüber hinaus natürlich weiterhin, wenn Substantiv und Partizip durch ein so genanntes Fugenzeichen miteinander verbunden sind. Auch dafür einige Beispiele: **erholungssuchende Touristen, gnadenbringende Weihnachtszeit, eine lebensrettende Maßnahme, die richtungsweisende Entscheidung.**

[>] Zur Großschreibung von Substantiven, die mit Verben feste Gefüge bilden, finden Sie weitere Hinweise im Abschnitt 22.

[6] Aufgabe

Formen Sie die hervorgehobenen Substantivierungen in Verbindungen aus Substantiv und Verb um oder verwandeln Sie die hervorgehobenen Relativsätze in Attribute!

Hinweise für das **Maschinenschreiben** finden Sie im Anhang.
Im Anhang finden Sie Hinweise, wie Sie .... können.

Meine **Heimreise** findet morgen Abend statt.
Ich .... morgen Abend ....

Die Industrie, **die Papier verarbeitet,** verbraucht viel Wasser.
Die .... Industrie verbraucht viel Wasser.

Euer **Haushalten** haben wir sehr bewundert.
Wir haben sehr bewundert, wie ihr .... habt.

Die **Hofhaltung** des Sonnenkönigs war außerordentlich kostspielig.
Wie der Sonnenkönig .... hat, war außerordentlich kostspielig.

Die **Irreführung** der Behörden betreibt er systematisch.
Er betreibt es systematisch, die Behörden ....

Die Kriminalität, die **durch das Milieu bedingt** ist, kann nur schwer bekämpft werden.
Die .... Kriminalität kann nur schwer bekämpft werden.

Seine **Teilnahme** an der Veranstaltung war gefährdet.
Er konnte an der Veranstaltung nicht ....

Die **Gewährleistung** unseres Unternehmens zielt auf einen hohen Standard.
Unser Unternehmen .... einen hohen Standard.

Das **Eislaufen** auf Seen und Flüssen ist ein beliebter Zeitvertreib bei Jung und Alt.
Auf Seen und Flüssen .... ist ein beliebter Zeitvertreib bei Jung und Alt.

Eine **Preisgabe** unserer Ansprüche steht nicht zur Diskussion.
Wir werden unsere Ansprüche nicht ....

Eine **Probefahrt** mit unserem neuen Modell wird Sie überzeugen.
Sie sollten einmal mit unserem neuen Modell ....

Auf der ganzen Welt trifft man Touristen, die **Englisch sprechen.**
Auf der ganzen Welt trifft man .... Touristen.

Die **Teilnahme** an diesem Kurs wird Ihr **Klavierspiel** perfektionieren.
Wenn Sie an diesem Kurs .... , werden Sie perfekt
....

Unter **Hohnlachen** verließ er den Saal.
Er verließ den Saal, indem er ....

Eine Burg, die **von Sagen umwoben** ist, lockt viele Besucher an.
Eine .... Burg lockt viele Besucher an.

Das **Wehklagen** der Rheintöchter ließ Wotan kalt.
Die Rheintöchter .... , was Wotan kalt ließ.

Die **Schlussfolgerung** des Logikers war messerscharf.
Der Logiker .... messerscharf.

Die **Preisgabe** dieses Grundsatzes verletzt unser Rechtsempfinden.
.... wir diesen Grundsatz .... ,
verletzt das unser Rechtsempfinden.

Manche Substanzen, die **Krebs erregen**, können sich auch in Lebensmitteln finden.
Manche .... Substanzen können sich auch in Lebensmitteln finden.

8. Die Getrenntschreibung von Verbindungen aus zwei Verben

§

Verbindungen von einem Verb im Infinitiv mit einem zweiten Verb werden stets getrennt geschrieben.

bestehen bleiben, bleiben lassen, fahren lassen, fallen lassen, flöten gehen, gehen lassen, haften bleiben, hängen bleiben, hängen lassen, kennen lernen, kleben bleiben, laufen lassen, lieben lernen, liegen bleiben, liegen lassen, ruhen lassen, sausen lassen, schätzen lernen, schießen lassen, sein lassen, sitzen bleiben, sitzen lassen, spazieren fahren, spazieren gehen, stecken bleiben, stecken lassen, stehen bleiben, stehen lassen, stiften gehen.

Diese Regelung bedeutet eine Erleichterung, brauchen Sie doch nicht mehr zu unterscheiden, ob eine solche Verbverbindung in konkreter oder übertragener Bedeutung verwendet wird; denn an dieses Kriterium war die Entscheidung „getrennt oder zusammen?“ bisher geknüpft. Da leuchtet die Unterscheidung von *sitzen bleiben* ‚auf dem Stuhl‘ und *sitzenbleiben* ‚in der Schule‘ durchaus noch ein. Aber wem könnte man einen Vorwurf machen, wenn er beim folgenden Beispiel unsicher würde? *Obwohl den Beamten ein Platz angeboten wurde, sind sie stehen geblieben* (haben sich nicht gesetzt). Aber: *Die Beamten sind vor dem Haus stehengeblieben* (haben Halt gemacht). Jetzt braucht sich niemand mehr über solche subtilen Unterscheidungen den Kopf zu zerbrechen!

Wenn Sie eine solche Verbindung in Partizipform als Attribut gebrauchen, können Sie wieder zwischen der Getrennt- oder Zusammenschreibung wählen:
Der sitzen gelassene, auch: *sitzengelassene Freier muss sich den Spott gefallen lassen.*
Die kleben bleibenden, auch: *klebenbleibenden Schüler sind zu bedauern.*
Im Schlamm stecken gebliebene, auch: *steckengebliebene Lastwagen mussten mit Seilwinden herausgezogen werden.*

In zusammengesetzten Zeitformen bleibt die Getrenntschreibung jedoch erhalten:
Sie hatte die Kinder spazieren gefahren.
Der Lastwagen ist im Schlamm stecken geblieben.

Formen Sie die folgenden Sätze so um, dass zwei Verben unmittelbar aufeinander folgen. In einigen der Beispielsätze müssen Sie auch zusammengesetzte Substantive in Verbverbindungen verwandeln. [7] Aufgabe

Ich **lasse** dich auf dem Stuhl **sitzen,** aber gewiss nicht in der Tinte.
Wer dich auf dem Stuhl .... , der muss dich noch lange nicht in der Tinte ....

Lassen Sie alle Termine **schießen** und **lernen** Sie unser Spitzenprodukt auf der nächsten Messe **kennen!**
Sie sollten alle Termine .... und auf der nächsten Messe unser Spitzenprodukt ....

Häufig **bleibt** doch der letzte Eindruck **haften.**
Was doch häufig .... , ist der letzte Eindruck.

Als **Sitzenbleiber** werden Sie **lernen,** unseren Studienkreis **zu lieben.**
Wenn Sie .... sind, werden Sie unseren Studienkreis ....

Lassen Sie diesen Unfug **bleiben!**
Sie sollten diesen Unfug .... !

Was sollen mir **Spazierfahrt** oder **Spaziergang,** ich **bleibe** hier **sitzen.**
Ich will nicht .... oder .... , sondern hier ....

Im Dreck **bleibt** so mancher **stecken,** der nicht auf den Weg achtet.
So mancher, der nicht auf den Weg achtet, kann im Dreck ....

Auch wenn die Rechtschreibung reformiert wird, **bleiben** die meisten Regeln **bestehen.**
Die meisten Regeln werden .... , auch wenn die Rechtschreibung reformiert wird.

Wenn man einen guten Leim verwendet, **bleibt** das Plakat problemlos **kleben.**
Verwenden Sie einen guten Leim, sodass das Plakat problemlos ………………………………………… .

Geht das Vertrauen in Sie **flöten, bleibt** die Ware an Ihnen **hängen.**
Wenn das Vertrauen in Sie ………………………………………… , wird die Ware an Ihnen ………………………………………… .

9. Die Getrenntschreibung von Verbindungen aus Partizip und Verb

Verbindungen von Partizip und Verb werden stets getrennt geschrieben. §

Diese Regelung führt zu einer Vereinheitlichung, da bisher schon viele Partizip-Verb-Verbindungen getrennt geschrieben wurden. In Analogie dazu gilt das jetzt auch für *gefangen halten, gefangen nehmen, getrennt leben, verloren gehen.*

Lassen Sie sich nicht davon verwirren, dass es zwar *gefangen nehmen* und *auseinander nehmen* heißt, aber *zusammennehmen!*
Denn *zusammen-* gehört zu der langen Reihe von abtrennbaren Partikeln von *ab-* bis *zwischen-*, die im Infinitiv, dem Partizip I und Partizip II sowie im Nebensatz bei Endstellung des Verbs mit dem Verb zusammengeschrieben werden. Zum Beispiel:
Du weißt doch, dass du **gefangen nehmen** *nicht zusammenschreiben darfst.* Aber: *Schreibe* **zusammennehmen** *zusammen!*

An der Getrenntschreibung ändert sich selbstverständlich nichts, wenn Sie eine solche Verbindung in Partizipform in einer zusammengesetzten Zeit gebrauchen:
Die Unterlagen sind auf mysteriöse Weise verloren gegangen.

Wird die Verbindung in der Partizipform aber als Attribut verwendet, so kann sie auch zusammengeschrieben werden, wenn sie als Einheit aufgefasst wird:
Wie werden getrennt lebende, auch: *getrenntlebende Eheleute steuerlich erfasst?*

[>] Die Verbindungen von Partizip und Verb werden nicht anders behandelt als die Verbindungen von Adjektiv oder Adverb und Verb; auch diese werden getrennt geschrieben. Doch hier gibt es einen Fallstrick, da diese Regel eine Ausnahme kennt. Diese führt dazu, dass es zwar *getrennt schreiben,* jedoch *kleinschreiben* heißen muss. Die Gründe für diese Ausnahme finden Sie im Abschnitt 10 näher erläutert. – Zu Verbindungen wie *auseinander* und Verb *(auseinander schreiben)* erfahren Sie ebenfalls im Abschnitt 10 Genaueres.

Setzen Sie die hervorgehobenen Ausdrücke in die Lücken ein! [8] Aufgabe

Geht eine Sendung **verloren,** so benachrichtigen Sie uns bitte umgehend.
Wenn eine Sendung .... , so benachrichtigen Sie uns bitte umgehend.
Falls eine Sendung .... sein sollte, so benachrichtigen Sie uns bitte umgehend.

Nimm dich **zusammen,** sonst **nehmen** sie dich noch **gefangen** und dann **nehmen** sie dich **auseinander!**
Du solltest dich .... , damit sie dich nicht .... und dann ....

Halten wir Löwen und Tiger **gefangen,** dann **halten** wir sie am besten auch **auseinander.**
Wenn wir Löwen und Tiger .... , dann sollten wir sie am besten auch ....

10. Die Getrenntschreibung von Verbindungen aus Adjektiv und Verb

§

Verbindungen von Adjektiv und Verb werden auseinander geschrieben, wenn das Adjektiv steigerbar ist.
Auch die Erweiterung durch sehr oder ganz zählt dabei zur Steigerung.

besser gehen, ernst nehmen, fein mahlen, fern liegen, geheim halten, gerade sitzen/halten/stellen, gering achten/schätzen, glatt gehen/hobeln/schleifen/streichen, gut gehen/tun, klar sehen/werden, klein schneiden, knapp halten, krumm nehmen, kurz braten/halten/treten, leicht fallen/machen/nehmen, lieb gewinnen/haben, nahe bringen/legen/liegen/stehen, offen bleiben/lassen/stehen, parallel schalten, mit etwas richtig liegen, richtig stellen, sauber halten/machen, schlecht gehen, schwer fallen/nehmen/tun, streng nehmen, übel nehmen, sich wund liegen, sich zufrieden geben, zufrieden lassen/stellen.

In diesen und vielen weiteren Fällen können Sie das Adjektiv sinnvoll steigern (zum Beispiel *schwerer fallen*). Da die Erweiterung mit *sehr* und *ganz* ebenfalls als eine Form der Steigerung aufgefasst wird, lässt sich begründen, wieso beispielsweise *offen bleiben* in dieser Liste erscheint. Zwar können wir *offen* nicht so richtig steigern, da etwas entweder offen bleibt oder nicht. Aber wir können *offen* mit *ganz* oder auch *völlig* erweitern: *Der Pressesprecher hat ganz/völlig offen gelassen, wo die Milliardensumme eingespart werden soll.*

Wenn das Verb als Partizip Präsens in attributiver Funktion gebraucht wird, ist neben der Getrenntschreibung auch die Zusammenschreibung erlaubt, sofern Sie die Verbindung als Einheit auffassen möchten:

Hell lodernde, auch: *helllodernde Feuer weisen den Weg.*
Ihre Verspätung entschuldigte sie mit nahe liegenden, auch: *naheliegenden Gründen.*
Die einzeln stehenden, auch: *einzelnstehenden Bäume lockern das Landschaftsbild auf.*
Das ist aber mal ein gut aussehender, auch: *gutaussehender junger Mann!*

[!] Lässt sich das Adjektiv nicht steigern, dann wird die Verbindung zusammengeschrieben: **bereithalten, bloßstellen, fernsehen, festsetzen (= bestimmen, festlegen), freisprechen (von Schuld), gutschreiben (= anrechnen), hochrechnen, krankschreiben, schwarzarbeiten, stilllegen, totschlagen, wahrsagen (= prophezeien).**

Wichtig ist: Die Negation **nicht** zählt nicht zu den Erweiterungen; also: **Er wird ihn schon nicht totschlagen.** Oder: **Heute wollen wir mal nicht fernsehen.**

Sie sollten auf jeden Fall gut aufpassen, da die Zusammenschreibregel manchmal dazu führt, dass wir nun Verbindungen zusammenschreiben müssen, die bisher getrennt geschrieben wurden, zum Beispiel **großschreiben** (‚mit großem Anfangsbuchstaben schreiben') und **kleinschreiben** (‚mit kleinem Anfangsbuchstaben schreiben'). Damit jedoch nicht genug, denn es gibt ja noch **groß schreiben** (‚mit großer Schrift schreiben') und **klein schreiben** (‚mit kleiner Schrift schreiben'): **Substantive musst du großschreiben.** Aber: **Du musst groß/größer/sehr groß schreiben, sonst kann das keiner lesen.**

Ein solches Nebeneinander findet sich noch öfter: **Der Richter musste den Angeklagten freisprechen.** Aber: **Dieser Richter konnte hervorragend frei sprechen.** – **Wir werden Ihnen diesen Betrag gutschreiben.** Aber: **Die junge Autorin kann wirklich gut schreiben.** Obendrein gibt es auch Verbindungen von Adjektiv und Verb, bei denen das Adjektiv nicht gesteigert werden kann und die dennoch auseinander geschrieben werden. Da alle Verbindungen aus Adjektiven, die mit **-ig, -lich** oder **-isch** abgeleitet werden, und Verben immer auseinander geschrieben werden, trifft das auch auf solche Fälle zu, in denen das Adjektiv nicht steigerbar ist: **fertig stellen, flüssig machen, heilig sprechen, heimlich tun, müßig gehen, ruhig stellen, selig preisen, selig sprechen, übrig behalten, übrig bleiben, übrig lassen.**

Formen Sie die hervorgehobenen Ausdrücke so um, dass die Verbindungen aus Adjektiv und Verb direkt aufeinander treffen! [9] Aufgabe

Das **Hochrechnen** dieser Zahlen wird uns zumindest zu einem vorläufigen Ergebnis führen.
Wenn wir diese Zahlen .... , werden wir zumindest zu einem vorläufigen Ergebnis gelangen.

Es **fiel** mir nicht **leicht**, mich von meinen Büchern zu trennen.
Mich von meinen Büchern zu trennen ist mir nicht
....

Geraten diese beiden Streithähne **aneinander**, dann **machen** sie sich gegenseitig **fertig.**
Wenn diese beiden Streithähne .... ,
dann werden sie sich gegenseitig ....

Die meisten Leute, **die klar denken,** fallen auf solche Finten nicht herein.
Die meisten .... Leute fallen auf solche Finten nicht herein.

Was **liegt** in einem solchen Fall **näher** als die **Wahrsagung** deines **Freispruchs?**

Was kann in einem solchen Fall .... , als dir .... , dass du .... wirst.

Es **bleibt** der hohen Geistlichkeit nichts anderes **übrig** als die **Seligsprechung** des eher aufmüpfigen Mönchs.
Es wird der hohen Geistlichkeit nichts anderes .... , als den eher aufmüpfigen Mönch ....

Nimm es deinem Mentor nicht **übel,** wenn er dir nahe zu bringen versucht, wie **leicht** du das Problem **genommen** hast.
Du darfst es deinem Mentor nicht .... , wenn er dir nahe zu bringen versucht, dass du das Problem zu .... hast.

Behalten wir so viel von dem Geld **übrig,** dass es über das Wochenende reicht, **geht** alles **glatt.**
Wenn wir so viel von dem Geld .... , dass es über das Wochenende reicht, wird alles ....

Ihm **stand** es nicht **offen,** die **Bloßstellung** zu vermeiden.
Ihm hat es nicht .... zu vermeiden, dass man ihn .... hat.

Gib dich damit **zufrieden,** ich **schreibe** dir den Restbetrag **gut.**
Du kannst dich damit .... , dass ich dir den Restbetrag ....

Es **lag** dem Aussteller **fern,** die Objekte beliebig aneinander zu reihen.
Es hat dem Aussteller .... , die Objekte beliebig aneinander zu reihen.

11. Die Getrenntschreibung von Adverb und Verb

§

Treten zusammengesetzte Adverbien zu einem Verb, werden diese Verbindungen auseinander geschrieben.

Möglicherweise widerspricht diese klare Festlegung Ihren bisherigen Schreibgewohnheiten, denn *anheim fallen/stellen, fürlieb nehmen, überhand nehmen und vorlieb nehmen* werden jetzt ebenso getrennt geschrieben wie früher schon z.B. *abhanden kommen, auswendig lernen, zugute halten* und *zunichte machen.*

In diese Liste der auseinander zu schreibenden Verbindungen gehören auch *infrage stellen, instand setzen, zugrunde gehen, zugrunde liegen, zuleide tun, zurande kommen, zuschanden machen, zuschulden kommen lassen, zustande bringen, zutage fördern, zuwege bringen.* Die adverbial verwendeten Fügungen wie *infrage* oder *zutage* sind in diesen Beispielen als Zusammensetzung behandelt, das heißt, sie sind zusammen- und kleingeschrieben.
Sie haben hier noch die Möglichkeit, sie als Wortgruppe zu behandeln, also: *in Frage stellen, in Stand setzen, zu Grunde gehen, zu Grunde liegen, zu Leide tun, zu Rande kommen, zu Schanden machen, zu Schulden kommen lassen, zu Stande bringen, zu Tage fördern, zu Wege bringen.*

Verbindungen aus *aneinander, aufeinander, auseinander* usw. und Verb werden jetzt konsequent getrennt geschrieben wie bisher schon *aneinander denken, aufeinander aufpassen* oder *zueinander passen.* Damit entfällt auch der Versuch, durch Getrennt- und Zusammenschreibung Bedeutungsunterschiede anzuzeigen:
Er wird das Auto auseinander nehmen (‚es in seine Teile zerlegen').
Aber: *Er wird dich auseinandernehmen* (‚dich fertig machen').
aneinander fügen/geraten/grenzen/legen, aufeinander beißen/folgen,

auseinander biegen/gehen/halten/leben/nehmen/setzen, beieinander haben/sein/sitzen, durcheinander bringen/geraten/laufen, gegeneinander prallen/stoßen, hintereinander fahren/gehen, ineinander fließen/greifen, nebeneinander sitzen/stellen, übereinander liegen/werfen, untereinander stehen, voneinander gehen, zueinander finden.

Bei den Partizipformen dieser Verbindungen gilt für den Gebrauch als Attribut wieder die Regel, dass sie zusammengeschrieben werden dürfen, wenn sie als Einheit aufgefasst werden:
die zugrunde liegenden, auch: *zugrundeliegenden Fakten; die überhand nehmenden,* auch: *überhandnehmenden Regelverstöße;*
die ineinander geflossenen, auch: *ineinandergeflossenen Farben.*

10 Aufgabe

Fügen Sie die hervorgehobenen Ausdrücke so in die Lücken ein, dass Adverb und Verb unmittelbar aufeinander folgen. Dazu ist es in einigen Fällen auch notwendig, Substantivierungen aufzulösen.

Bringen Sie die neuen Rechtschreibregelungen nicht **durcheinander,** denn das könnte zur **Infragestellung** Ihrer Schreibkompetenz führen.

Wenn Sie die neuen Rechtschreibregelungen
.... , könnte das dazu führen, dass man Ihre Schreibkompetenz ....

Mit deinem **Daheimbleiben** morgen **machst** du unseren Plan **zunichte,** und das **kommt** unseren Konkurrenten **zupass.**
Indem du morgen .... , wirst du unseren Plan .... , und das wird unseren Konkurrenten ....

Ein Mensch, der **anders denkt,** kann sich leicht isolieren.
Ein .... Mensch kann sich leicht isolieren.

„Wie **komme** ich heute **zurande?**“, so fragt sich beim Aufstehen so manche Mutter, die ihr Kind **allein erzieht.**
„Wie werde ich heute .... ?“, so fragt sich so manche .... Mutter beim Aufstehen.

Nehmen die Fehler **überhand,** muss auf Abhilfe gesonnen werden.
Wenn die Fehler .... , muss auf Abhilfe gesonnen werden.

Zum **Auswendiglernen** dieses Stoffes, der uns **nichts sagt,** bleibt uns kaum Zeit.
Uns bleibt kaum Zeit, diesen .... Stoff ....

Auch die **Instandsetzung** der Produktionshalle ist noch nicht die Lösung, die **allein selig macht.**
Auch wenn die Produktionshalle .... wird, so ist das noch nicht die .... Lösung.

12. Die Getrenntschreibung von Verbindungen aus mit **-wärts** gebildeten Adverbien und Verb

§

Verbindungen aus Adverbien, die mit -wärts gebildet sind, und Verb werden prinzipiell auseinander geschrieben.

Einige Beispiele, die von dieser Regel betroffen sind:
abwärts fließen/gehen/laufen, aufwärts gehen/steigen, einwärts biegen, rückwärts fahren/wenden, vorwärts gehen/kommen.
Der Vorteil für Sie: Es entfallen Doppelschreibungen, die auf eine Bedeutungsunterscheidung zielen. Ab jetzt schreiben Sie immer *abwärts gehen,* gleichgültig ob das nun ‚sich hinunter

bewegen' oder ‚schlechter werden' bedeutet, oder *vorwärts kommen* in den beiden Bedeutungen ‚auf der Straße, dem Weg vorankommen' und ‚Karriere machen'.

Setzen Sie die hervorgehobenen Ausdrücke so in die Lücken ein, dass Bildungen mit *-wärts* und Verb direkt nebeneinander stehen! [11] Aufgabe

Mit Einsatz **kommen** Sie in Ihrem Beruf garantiert **vorwärts.**
Wenn Sie Einsatz zeigen, werden Sie in Ihrem Beruf garantiert
....

Steigt zuerst **aufwärts** und **geht** anschließend wieder **abwärts.**
Wenn ihr zuerst .... seid, dann könnt ihr anschließend wieder ....

Sie sollten jetzt **rückwärts** bis zur Parklücke fahren.
Bis zur Parklücke sollten Sie .... fahren.

13. Verbindungen mit sein

§ *Verbindungen mit sein werden stets getrennt geschrieben.*

Begründet wird diese Festlegung damit, dass die Verbindungen mit *sein* nicht als Zusammensetzungen zu betrachten sind:
an sein, auf sein, aus sein, außerstande sein, beieinander sein, beisammen sein, da sein, dabei sein, drauf sein, drin sein, durch sein, fertig sein, her sein, heran sein, heraus sein, herum sein, hier sein, hin sein, hinaus sein, hinterher sein, hinüber sein, imstande sein, um sein, vorbei sein, zu sein, zumute sein, zurück sein, zusammen sein.
(Aber als Substantive natürlich weiterhin: *das Dasein, das Dabeisein* usw.)

außerstande, imstande, zumute können Sie auch als Wortgruppen behandeln. Daraus ergeben sich die alternativen Schreibungen: *außer Stande sein, im Stande sein, zu Mute sein.*

[12] Aufgabe

Diese Regelung ist so klar und einfach, dass Sie sie eigentlich gar nicht einüben müssen. Dennoch einige Übungssätze, damit Sie sich leichter daran gewöhnen. Setzen Sie dazu die hervorgehobenen Ausdrücke in die Lücken ein!

Ich glaube nicht, dass ich bei Sonnenaufgang schon **auf bin.**
Du solltest aber .... Der Anblick lohnt sich.

Ich weiß, wie dir **zumute ist.**
Ach was, wie soll mir schon ....
Es ist ja gar nichts passiert.

Du **bist** so selten wirklich **zufrieden.**
Wie kann ich .... , wenn doch ständig etwas schief geht?

Dieses fröhliche **Beisammensein** sollten wir bald wiederholen.
Wir sollten bald wieder einmal so fröhlich ....

Wann **bist** du wieder **zurück?**
Ich werde gegen 18 Uhr ....

Du weißt genau, 1000 Euro **sind** da nicht **drin.**
Aber 900 sollten schon ....

Heute **bin** ich so richtig gut **drauf.**
Wie sollte einer da nicht so richtig gut .... , wenn er Lottomillionär geworden ist?

Der Motor **ist** wohl **hinüber.**
Wie kann der denn .... ?
Er ist doch erst zwei Jahre alt.

Natürlich **warst** du zur ausgemachten Zeit wieder nicht **da.**
Das stimmt nicht! Ich bin pünktlich ....

14. Verbindungen aus Adjektiv/Partizip und Adjektiv/Adjektiv

§

Werden Adjektive und Partizipien oder zwei Adjektive miteinander verbunden, dann werden diese Verbindungen getrennt geschrieben, wenn
a) der erste Bestandteil ein Partizip und der zweite ein Adjektiv ist,
b) der erste Bestandteil eine Ableitung auf -ig, -isch oder -lich und der zweite ein Adjektiv ist,
c) der erste Bestandteil gesteigert oder erweitert werden kann beziehungsweise ist.

Zu a): In Fällen wie *abschreckend hässlich* oder *gestochen scharf* war die Neigung zum Zusammenschreiben wohl nicht allzu sehr verbreitet. Aber bei den folgenden Verbindungen hat dies anders ausgesehen, vor allem wenn wir sie als Attribute gebraucht haben: *blendend weiß, brütend heiß, drückend heiß, glänzend schwarz, glühend heiß, kochend heiß, leuchtend blau/gelb/rot, siedend heiß, strahlend hell.*

Zu b): Auch bei Bezeichnungen für Farbnuancen, aber nicht nur bei diesen, hatte sich eine starke Neigung zur Zusammenschreibung entwickelt. Sofern dabei Ableitungen auf *-ig, -isch* oder *-lich* im Spiele sind, müssen Sie diese getrennt schreiben: *bläulich grün, bräunlich gelb, eisig kalt, gelblich grün, grünlich gelb,*

herbstlich gelb, länglich rund, mikroskopisch klein, riesig groß, rosig weiß, rötlich braun, schmutzig grau.
Weiterhin zusammengeschrieben werden beispielsweise *blaugrau, gelbbraun, grünblau* oder *purpurrot,* da in diesen Zusammensetzungen keine Ableitungen auf *-ig, -isch* oder *-lich* auftauchen.

Zu c): Zu einer ganzen Reihe der folgenden Beispiele gibt es auch Infinitivformen *(blond gefärbt – blond färben).* Es gilt die Regel, dass sich die Schreibung der Partizip-Perfekt-Formen nach dem Infinitiv richtet. Beispiele wie *übel gelaunt,* zu dem ja kein *übel launen* existiert, werden analog zur Hauptmasse der Verbindungen behandelt. Das trägt zur Vereinheitlichung bei, was Ihnen wiederum das Schreibgeschäft erleichtert.
blank poliert, blond gefärbt, braun gebrannt, breit gefächert, dünn besiedelt, eng befreundet/bedruckt, ernst gemeint, fest angestellt, frisch gebacken, froh gelaunt, früh verstorben, genau genommen, grau gestreift, gut bezahlt/gelaunt/gemeint/unterrichtet, hart gekocht, heiß begehrt/geliebt/umkämpft, klein gedruckt, lang gestreckt, nass geschwitzt, neu eröffnet, oben erwähnt, reich geschmückt/verziert, rot gestreift, schlecht gelaunt, streng genommen, tief bewegt/empfunden/verschneit, treu ergeben, übel gelaunt, viel befahren/gelesen, weich gekocht, weiß gekleidet, weit gereist/verbreitet.

Getrennt zu schreiben sind auch *selbst ernannt, selbst gebacken, selbst gemacht* und *selbst gestrickt: ein selbst ernannter Experte, ein selbst gebackener Kuchen, eine selbst gemachte Marmelade, ein selbst gestricktes Konzept.*
Dagegen aber: *selbstbewusst – Sie ist eine selbstbewusste Frau.*

[!] Für alle unter Punkt c beschriebenen Fälle gilt die ergänzende Regel, dass Zusammenschreibung bei Verwendung als Attribut zulässig ist, wenn Sie die Verbindung als Einheit ansehen: *eine blank polierte,* auch: *blankpolierte Oberfläche; ein gut bezahlter,* auch: *gutbezahlter Job; ein selbst genähtes,* auch: *selbstgenähtes Kleid.*

Nicht jede Verbindung von Adjektiv und Partizip wird auseinander geschrieben. Auch hier richtet sich die Schreibung nach dem Infinitiv: **klein drucken** und deshalb **klein gedruckt** (auch: **kleingedruckt**), aber **kleinschreiben** (,mit kleinem Buchstaben schreiben') und deshalb nur: **kleingeschrieben.** Unter welchen Bedingungen Adjektiv und Verb zusammengeschrieben werden, finden Sie im Abschnitt 10 ausführlicher behandelt.

Achten Sie darauf, dass alle Verbindungen mit *allzu* und *ebenso/genauso* getrennt zu schreiben sind:
allzu bald/gern/früh/lange/oft/sehr/viel/weit;
ebenso gut/sehr/viel/wenig, genauso gut/viel/wenig.

Und noch ein Hinweis: In Analogie zu *so viele/wenige, wie viele/wenige* und *zu viele/wenige* werden jetzt auch *so viel/wenig, wie viel/wenig* und *zu viel/wenig* konsequent auseinander geschrieben. Das gilt auch für *so weit:*
So viel Aufwand für so wenige Leute!
Du erhältst davon so viele du willst.
Wie viel wirst du wohl für den alten Tisch bekommen?
Ich kann das so wenig begreifen wie du.
Aus so vielen Kirschen bekommen wir so wenig Kirschwasser!?
Es ist besser, viel zu viele Beispiele zu bringen als viel zu wenige.
Du solltest das Manuskript so weit wie möglich korrigieren.
Es ist so weit: Du kannst reinkommen.
Natürlich gilt das nicht für die Konjunktionen *soviel* und *soweit*, die wie bisher zusammengeschrieben werden: *Er wird, soviel ich gehört habe, erst nächste Woche kommen. Soweit ich das beurteilen kann, geht es ihr gut.*

§

Übrigens: Verbindungen mit irgend- werden jetzt grundsätzlich zusammengeschrieben.

Wie bisher schon beispielsweise *irgendwer* oder *irgendwann* werden jetzt alle Verbindungen mit *irgend-* als Zusammensetzungen betrachtet und deshalb auch zusammengeschrieben. Damit sind Zweifelsfälle und Unsicherheiten ausgeräumt:
irgendein, irgendeine, irgendeinmal, irgendetwas, irgendjemand, irgendwann, irgendwas, irgendwelcher, irgendwer, irgendwie, irgendwo, irgendwohin.

[!] Ausgenommen von der Regel sind Fälle, in denen der zweite Bestandteil erweitert ist:
irgend so ein/eine/einer, irgend so etwas.

[>] Zu *Rat suchend, Rad fahrend* finden Sie Näheres im Abschnitt 7, zu *kennen gelernt, sitzen geblieben* im Abschnitt 8, zu *gefangen genommen, verloren gegangen* im Abschnitt 9 und zu *hell strahlend, laut redend* im Abschnitt 10.

[13] Aufgabe

Sie werden schnell feststellen, dass bei den folgenden Beispielen die Ausgangssätze und die Zielsätze manchmal im Aufbau und der Bedeutung leicht voneinander abweichen. Das macht aber nichts – Hauptsache, Sie finden immer einen Weg, die hervorgehobenen Ausdrücke so umzuformen, dass Sie als Ergebnis eine Verbindung von Partizip und Adjektiv oder von Adjektiv und Partizip bekommen.

Dieses Waschpulver macht Ihre Wäsche so **weiß,** dass sie **blendet.**
Dieses Waschpulver macht Ihre Wäsche ....

Du kannst mir glauben: **Blond** hat er sein Haar **gefärbt!**
Du kannst mir glauben: Er läuft mit .... Haar herum.

Ihr Vater **verstarb** so **früh,** dass sie ihn kaum kennen gelernt hat.
Ihren .... Vater hat sie kaum kennen gelernt.

Man **stellt** sie als Mitarbeiterin **fest ein,** da sie für das Unternehmen von großem Wert ist.
Als .... Mitarbeiterin ist sie für das Unternehmen von großem Wert.

Ich **koche** die Eier **weich.** So mag ich sie am liebsten.
Am liebsten mag ich .... Eier.

Das **schmutzige Grau** der Wolken bedrückte sein Gemüt.
Die .... Wolken bedrückten sein Gemüt.

Sie nehmen zum Würzen Pfeffer, den Sie **grob mahlen** müssen.
Sie nehmen zum Würzen .... Pfeffer.

Die Luft, die so **heiß** ist, dass sie zu **kochen** scheint, bewegt sich nicht.
Die .... Luft bewegt sich nicht.

Oben habe ich das Faktum schon **erwähnt** und gehe deshalb nicht mehr darauf ein.
Auf das schon .... Faktum gehe ich nicht mehr ein.

Die **grauen** Augen mit ihrem Stich ins **Bläuliche** waren faszinierend.
Die .... Augen waren faszinierend.

Sie hat sich ein Kleid mit **roten Streifen** gekauft.
Sie hat sich ein .... Kleid gekauft.

Der Stoff, eine Mischung aus **Blau** und **Grau**, stand ihr wunderbar.
Der .... Stoff stand ihr wunderbar.

Er **meint** es mit seinen Ratschlägen immer **gut**.
Er gibt immer .... Ratschläge.

6 Lösung

Im Anhang finden Sie Hinweise, wie Sie **Maschine schreiben** können.
Ich **reise** morgen Abend **heim.**
Die **Papier verarbeitende / papierverarbeitende** Industrie verbraucht viel Wasser.
Wir haben sehr bewundert, wie ihr **hausgehalten / Haus gehalten** habt.
Wie der Sonnenkönig **Hof gehalten** hat, war außerordentlich kostspielig.
Er betreibt es systematisch, die Behörden **irrezuführen.**
Die **milieubedingte** Kriminalität kann nur schwer bekämpft werden.
Er konnte an der Veranstaltung nicht **teilnehmen.**
Unser Unternehmen **leistet Gewähr für/gewährleistet** einen hohen Standard.
Auf Seen und Flüssen **Eis zu laufen** ist ein beliebter Zeitvertreib bei Jung und Alt.
Wir werden unsere Ansprüche nicht **preisgeben.**
Sie sollten einmal mit unserem neuen Modell **Probe fahren.**
Auf der ganzen Welt trifft man **Englisch sprechende / englischsprechende** Touristen.
Wenn Sie an diesem Kurs **teilnehmen,** werden Sie perfekt **Klavier spielen.**
Er verließ den Saal, indem er **hohnlachte/Hohn lachte.**
Eine **sagenumwobene** Burg lockt viele Besucher an.
Die Rheintöchter **wehklagten,** was Wotan kalt ließ.
Der Logiker **schlussfolgerte** messerscharf.
Geben wir diesen Grundsatz **preis,** verletzt das unser Rechtsempfinden.
Manche **Krebs erregenden / krebserregenden** Substanzen können sich auch in Lebensmitteln finden.

7 Lösung

Wer dich auf dem Stuhl **sitzen lässt,** der muss dich noch lange nicht in der Tinte **sitzen lassen.**
Sie sollten alle Termine **schießen lassen** und auf der nächsten Messe unser Spitzenprodukt **kennen lernen.**
Was doch häufig **haften bleibt,** ist der letzte Eindruck.
Wenn Sie **sitzen geblieben** sind, werden Sie unseren Studienkreis **lieben lernen.**
Sie sollten diesen Unfug **bleiben lassen!**

Ich will nicht **spazieren fahren** oder **spazieren gehen,** sondern hier **sitzen bleiben.**
So mancher, der nicht auf den Weg achtet, kann im Dreck **stecken bleiben.**
Die meisten Regeln werden **bestehen bleiben,** auch wenn die Rechtschreibung reformiert wird.
Verwenden Sie einen guten Leim, sodass das Plakat problemlos **kleben bleibt.**
Wenn das Vertrauen in Sie **flöten geht,** wird die Ware an Ihnen **hängen bleiben.**

Wenn eine Sendung **verloren geht,** so benachrichtigen Sie uns bitte umgehend. [8] Lösung
Falls eine Sendung **verloren gegangen** sein sollte, so benachrichtigen Sie uns bitte umgehend.
Du solltest dich **zusammennehmen,** damit sie dich nicht **gefangen nehmen** und dann **auseinander nehmen.**
Wenn wir Löwen und Tiger **gefangen halten,** dann sollten wir sie am besten auch **auseinander halten.**

Wenn wir diese Zahlen **hochrechnen,** werden wir zumindest zu einem vorläufigen Ergebnis gelangen. [9] Lösung
Mich von meinen Büchern zu trennen ist mir nicht **leicht gefallen.**
Wenn diese beiden Streithähne **aneinander geraten,** dann werden sie sich gegenseitig **fertig machen.**
Die meisten **klar denkenden/klardenkenden** Leute fallen auf solche Finten nicht herein.
Was kann in einem solchen Fall **näher liegen,** als dir **wahrzusagen,** dass du **freigesprochen** wirst.
Es wird der hohen Geistlichkeit nichts anderes **übrig bleiben,** als den eher aufmüpfigen Mönch **selig zu sprechen.**
Du darfst es deinem Mentor nicht **übel nehmen,** wenn er dir nahe zu bringen versucht, dass du das Problem zu **leicht genommen** hast.
Wenn wir so viel von dem Geld **übrig behalten,** dass es über das Wochenende reicht, wird alles **glatt gehen.**
Ihm hat es nicht **offen gestanden** zu vermeiden, dass man ihn **bloßgestellt** hat.

Du kannst dich damit **zufrieden geben,** dass ich dir den Restbetrag **gutschreibe.**
Es hat dem Aussteller **fern gelegen,** die Objekte beliebig aneinander zu reihen.

Wenn Sie die neuen Rechtschreibregelungen **durcheinander bringen,** könnte das dazu führen, dass man Ihre Schreibkompetenz **infrage/in Frage stellt.** [10] Lösung
Indem du morgen **daheim bleibst,** wirst du unseren Plan **zunichte machen,** und das wird unseren Konkurrenten **zupass kommen.**
Ein **anders denkender/andersdenkender** Mensch kann sich leicht isolieren.
„Wie werde ich heute **zurande/zu Rande kommen?**", so fragt sich so manche **allein erziehende/alleinerziehende** Mutter beim Aufstehen.
Wenn die Fehler **überhand nehmen,** muss auf Abhilfe gesonnen werden.
Uns bleibt kaum Zeit, diesen **nichts sagenden/nichtssagenden** Stoff **auswendig zu lernen.**
Auch wenn die Produktionshalle **instand/in Stand gesetzt** wird, so ist das noch nicht die **allein selig machende/alleinseligmachende** Lösung.

Wenn Sie Einsatz zeigen, werden Sie in Ihrem Beruf garantiert **vorwärts kommen.** [11] Lösung
Wenn ihr zuerst **aufwärts gestiegen** seid, dann könnt ihr anschließend wieder **abwärts gehen.**
Bis zur Parklücke sollten Sie **rückwärts fahren.**

Du solltest aber **auf sein.** Der Anblick lohnt sich. [12] Lösung
Ach was, wie soll mir schon **zumute/zu Mute sein.** Es ist ja gar nichts passiert.
Wie kann ich **zufrieden sein,** wenn doch ständig etwas schief geht?
Wir sollten bald wieder einmal so fröhlich **beisammen sein.**
Ich werde gegen 18 Uhr **zurück sein.**
Aber 900 sollten schon **drin sein.**
Wie sollte einer da nicht so richtig gut **drauf sein,** wenn er Lottomillionär geworden ist?

Wie kann der denn **hinüber sein?** Er ist doch erst zwei Jahre alt.
Das stimmt nicht! Ich bin pünktlich **da gewesen.**

[13] Lösung

Dieses Waschpulver macht Ihre Wäsche **blendend weiß.**
Du kannst mir glauben: Er läuft mit **blond gefärbtem/blondgefärbtem** Haar herum.
Ihren **früh verstorbenen/frühverstorbenen** Vater hat sie kaum kennen gelernt.
Als **fest eingestellte/festeingestellte** Mitarbeiterin ist sie für das Unternehmen von großem Wert.
Am liebsten mag ich **weich gekochte/weichgekochte** Eier.
Die **schmutzig grauen** Wolken bedrückten sein Gemüt.
Sie nehmen zum Würzen **grob gemahlenen/grobgemahlenen** Pfeffer.
Die **kochend heiße** Luft bewegt sich nicht.
Auf das schon **oben erwähnte/obenerwähnte** Faktum gehe ich nicht mehr ein.
Die **bläulich grauen** Augen waren faszinierend.
Sie hat sich ein **rot gestreiftes/rotgestreiftes** Kleid gekauft.
Der **blaugraue** Stoff stand ihr wunderbar.
Er gibt immer **gut gemeinte/gutgemeinte** Ratschläge.

[B] Test

Getrennt- oder Zusammenschreibung oder beides?

Der rettende Einfall

Irgend wo/Irgendwo .... im drückend heißen/drückendheißen .... Nordafrika spielte sich einmal die folgende Aufsehen erregende/aufsehenerregende .... Geschichte ab:

Eingeborene eines Not leidenden/notleidenden .... Stammes waren mit einem weit gereisten/weitgereisten .... Missionar aneinander geraten/aneinandergeraten .... , der nicht auf seine Wegstrecke Acht gegeben/achtgegeben .... und unüberlegt Halt gemacht/haltgemacht .... hatte. Als der Mann schließlich gefangen genommen/gefangengenommen .... worden war, bat er zwar darum, ihn von jeder Schuld frei zu sprechen/freizusprechen .... und gehen zu lassen/gehenzulassen .... , aber die Eingeborenen wollten ihn unbedingt auf der Stelle töten. Nach einer alten Stammessitte sollte der Gefangene seine Todesart selbst bestimmen, und zwar dadurch, dass er eine beliebige Behauptung aufstellte. Der Medizinmann erklärte ihm dazu: „Wenn ich deine Behauptung als wahr anerkenne, dann wirst du mit vergifteten Pfeilspitzen getötet. Betrachte ich sie dagegen als Lüge, so musst du im riesig großen/riesiggroßen .... Feuer zu Grunde gehen/zugrunde gehen/zugrundegehen .... Dein Leben wird also in jedem Fall bald vorbei sein/vorbeisein ...."

Der Missionar überlegte, nachdem man ihn mit diesen Bedingungen bekannt gemacht/bekanntgemacht .... hatte, wie er die Eingeborenen wohl irre führen/irreführen .... könnte. Es dauerte nicht allzu lange/allzulange .... , da kam ihm, dem noch niemand etwas zu Leide getan/zuleide getan/zuleidegetan .... hatte, der vielleicht rettende Einfall: Er Schluss folgerte/schlussfolgerte .... , dass er seine Antwort so geschickt formulieren müsste, dass es den Wilden schwer fallen/schwerfallen .... würde, ihn umzubringen. Kurz darauf stellte er den Stammesangehörigen gegenüber die ernst gemeinte/ernstgemeinte .... Behauptung auf: „Ihr werdet mich verbrennen."

Jetzt wussten die Eingeborenen nicht mehr, was sie tun sollten. Denn wenn sie den Missionar wirklich verbrennen würden, so hätte er tatsächlich die Wahrheit gesagt. Also müssten sie ihn mit vergifteten Pfeilen töten – aber dann hätte der Missionar gelogen. Somit müsste er doch wiederum den Flammen anheim fallen/anheimfallen .... So ging es immer weiter und die Stammesältesten kamen trotz nächtelanger angeregter Diskussionen nicht mehr zu einer Bahn brechenden/bahnbrechenden .... Erkenntnis.

So viel/Soviel .... ich weiß, haben die Eingeborenen den Missionar irgend wann/irgendwann .... tatsächlich laufen lassen/laufenlassen .... , sodass er wieder Heim reisen/heimreisen .... konnte. Er wird sich aber gewiss vorgenommen haben, nie mehr im afrikanischen Busch verloren zu gehen/verlorenzugehen ....

→ C. Schreibung mit Bindestrich

Wenn Sie zu denjenigen gehören, die ohnehin gerne Bindestriche verwenden, dann werden Ihnen die Neuregelungen sehr entgegenkommen. Falls Sie jedoch bisher nicht unbedingt zu dieser Gruppe zählten, könnten Sie sich überlegen, ob Sie jetzt nicht vermehrt Gebrauch vom Bindestrich machen wollen.

Der Bindestrich ist nämlich ein außerordentlich flexibles Mittel, um bei mehrgliedrigen Zusammensetzungen den Wortaufbau durchsichtiger zu machen. Auf diese Weise können Sie einzelne Wortbestandteile hervorheben. Vor allen Dingen können Sie unübersichtliche Zusammenschreibungen gliedern. Das ist sehr lesefreundlich, denn Sie erleichtern damit dem Leser den Überblick und geben ihm Verständnishilfen. Vor unnötigen Bindestrichen wie **Stamm-Tisch** oder **Haus-Tür** sollten Sie sich allerdings hüten, sie sind nämlich eher verwirrend als hilfreich.

Die Veränderungen, die den Gebrauch des Bindestrichs betreffen, zielen zum einen auf Vereinheitlichung; hier sind einige Festsetzungen getroffen worden, die verpflichtend sind. Zum andern räumen sie Ihnen als Schreibendem mehr Spielraum ein. Sie sollen also nicht gegängelt werden, sondern selbst entscheiden, ob Sie den Bindestrich verwenden wollen oder nicht. Wie gesagt, Lesefreundlichkeit und Verständnishilfe sind gute Gründe dafür.

Da die Regeländerungen in diesem Rechtschreibbereich sehr überschaubar und teilweise fakultativ sind, finden Sie zur Schreibung mit Bindestrich keine Anwendungsübungen, sondern nur den abschließenden Test.

15. Obligatorischer Bindestrich bei Ziffern in Zusammensetzungen

§

In Zusammensetzungen werden Zahlen, die in Ziffern geschrieben sind, mit einem Bindestrich vom Rest des Wortes abgehoben.

der 8-Achser, das 5-Eck, der 16-Ender, der 6-Heber, 6-hebig, 2-/3-/4-jährig, der/die 2-/3-/4-Jährige, ein 2-/3-/4-Jähriger kann das noch nicht verstehen, der 2-/3-/4-Karäter, 2-/3-/4-karätig, 2-/3-/4-mal, 2/3-Mehrheit, 2-/3-/4-monatig, 2-/3-/4-monatlich, die 0:1-Niederlage, der 2-Pfünder, 100-prozentig, 1000-seitig, der 2:1-Sieg, der 3-Silber, 3-silbig, 2-/3-/4-stündig, 2-/3-/4-stündlich, 2-/3-/4-tägig, 3/4-Takt, der 26-Tonner, 2-/3-/4-zeilig, 4-Zylinder.

Diese Regelung bedeutet eine Vereinheitlichung im Bindestrichgebrauch, da die Schreibung dieses Typs von Zusammensetzungen an die Schreibung von Zusammensetzungen mit Einzelbuchstaben, Abkürzungen oder Initialwörtern angeglichen wird:

A-Dur, i-Punkt, S-Kurve, T-Träger, x-beliebig, Zungenspitzen-r, Fugen-s, dpa-Meldung, D-Zug, VIP-Lounge, Fußball-WM, UV-bestrahlt, Dipl.-Ing., Tgb.-Nr.

[!] Wird eine Ziffer mit einer Nachsilbe verbunden, dann steht in der Regel kein Bindestrich:

Der gehört noch zur Generation der 68er.

Gib mir davon ein 100stel.

Das ist 100%ig richtig.

Ich brauche einen 15er (Schraubenschlüssel).

In diesen Fernseher passt eine 61er (Bildröhre).

Sind Ziffer und Nachsilbe wiederum Bestandteil einer Zusammensetzung, steht jedoch zwischen Nachsilbe und Grundwort der Bindestrich:
die 68er-Generation, ein 15er-Schlüssel, eine 61er-Bildröhre, in den 20er-Jahren, eine 20er-Gruppe.

Verbindungen mit der Nachsilbe *-fach* können Sie ohne oder mit Bindestrich schreiben:
10fach, das 10fache oder *10-fach, das 10-Fache.*
Auch Verbindungen mit *Jahr* können Sie ohne Bindestrich schreiben:
in den 20er Jahren, in den 90er Jahren anstatt *in den 20er-Jahren, in den 90er-Jahren.*
Ähnlich verhält es sich in den Zusammensetzungen mit *Jahr*, die konsequent in Buchstaben geschrieben werden. Als Vorzugsform gilt die Zusammenschreibung: *in den Zwanzigerjahren, die Neunzigerjahre;* als Nebenvariante die Getrenntschreibung: *in den zwanziger Jahren, die neunziger Jahre.* Sie können zwischen diesen Varianten im Übrigen frei wählen, brauchen also nicht mehr zu überlegen, ob es sich um eine Epochenangabe oder eine Altersangabe handelt.

Noch einige Spezialfälle:
Der Bindestrich bleibt erhalten bei Ableitungen von Verbindungen mit einem Eigennamen als zweitem Bestandteil:
alt-wienerische Kaffeehäuser, Alt-Wiener Kaffeehäuser.
Der Bindestrich wird gesetzt bei Ableitungen von mehrteiligen Eigennamen: *basel-städtisch*, aus *Basel Stadt; sankt-gallisch*, aus *Sankt Gallen.* Bei Ableitungen auf *-er* kann der Bindestrich aber auch weggelassen werden: *die Basel-Städter* oder *die Basel Städter, die Sankt-Galler* oder *die Sankt Galler, die New-Yorker* oder *die New Yorker.*

16. Fakultativer Bindestrich bei mehrgliedrigen Zusammensetzungen

§

Sollen einzelne Bestandteile einer Zusammensetzung hervorgehoben werden oder soll eine unübersichtliche Zusammensetzung deutlicher gegliedert werden, dann können Sie einen Bindestrich setzen.

Diese Regel ist keine Vorschrift, der Sie mechanisch folgen müssten, sondern sie eröffnet Ihnen Entscheidungs- und Ermessensspielräume. Wie Sie diese nutzen wollen, entscheiden Sie selbst. Dazu drei Ratschläge:

a) Sie können den Bindestrich benutzen, um einen Wortbestandteil besonders hervorzuheben. Der Bindestrich wirkt als eine Art geistiger Stolperstein, mit dem Sie die Aufmerksamkeit des Lesers wecken:
Seine Ich-Sucht ist kaum noch zu ertragen.
Achten Sie auf dass-Sätze!
Das ist nicht einfach eine Erzählung, sondern eine Ich-Erzählung.
Wir sollten sorgfältig zwischen Ist-Stärke und Soll-Stärke unterscheiden.
Das ist kein Fall für rasches Handeln, sondern zum Nach-Denken.
Denn es geht zuerst einmal darum, dass wir be-greifen, was da geschehen ist.

b) Setzen Sie den Bindestrich gezielt ein, um Wortungetüme übersichtlicher zu gliedern oder um die Haupttrennfuge anzuzeigen. Ihre Leser werden es Ihnen danken!
Arbeiter-Unfallversicherungsgesetz, die deutsch-französische Freundschaft, Haupt-Baugewerbe, Lotto-Annahmestelle, Mosel-Winzergenos-

senschaft, die schwarz-rot-goldene Fahne, Software-Preisliste, Ultraschall-Messgerät, der wirtschaftlich-militärische Komplex.

c) Lese- und Verständnishilfe leistet der Bindestrich auch in den folgenden Beispielen, die zusammengeschrieben leicht missverstanden werden können:
Drucker-Zeugnis oder *Druck-Erzeugnis* statt *Druckerzeugnis;*
Musiker-Leben oder *Musik-Erleben* statt *Musikerleben;*
re-integrieren statt *reintegrieren* (wegen falsch lesbarem Wortanfang *rein-tegrieren*);
Blumentopf-Erde statt *Blumentopferde* (wegen der berühmten *Blumento-Pferde*).

Achtung! Wenn Sie den Bindestrich benutzen, dann ist in vielen Fällen der abgetrennte Wortteil großzuschreiben. Dies gilt nicht nur dann, wenn es sich dabei ohnehin um ein Substantiv handelt *(Arbeiter-Unfallversicherungsgesetz* zu *Arbeiterunfallversicherungsgesetz)*, sondern auch für den Fall, dass ein nicht substantivisches Wort am Beginn einer Fügung steht, die als Ganzes hauptwörtlich gebraucht wird: *Ich-Sucht* zu *Ichsucht, beim Nach-Denken* zu *beim Nachdenken, Soll-Stärke* zu *Sollstärke.*
Davon zu unterscheiden ist der Bindestrichgebrauch in nicht substantivischen Zusammensetzungen: *be-greifen* zu *begreifen, schwarz-rot-golden* zu *schwarzrotgolden.*
Ein Sonderfall liegt beim *dass-Satz* (neu auch möglich: *Dasssatz*) vor: Durch die Kleinschreibung der Konjunktion bleibt weiterhin erkennbar, dass eine bestimmte Wortform zitiert wird.

17. Fakultativer Bindestrich beim Zusammentreffen dreier gleicher Buchstaben

§

Treffen drei gleiche Vokal- oder Konsonantbuchstaben aufeinander, so kann zwischen dem zweiten und dritten Buchstaben ein Bindestrich stehen.

Vielleicht haben Sie sich schon mit dem Abschnitt 4 beschäftigt. Dann wissen Sie auch, dass beim Aufeinandertreffen dreier gleicher Buchstaben uneingeschränkt alle drei geschrieben werden müssen. Das ergibt ein Schriftbild, das nicht nur gewöhnungsbedürftig ist, sondern auch unübersichtlich wirken kann, wie zum Beispiel bei *Kunststofffolie* oder *Metalllegierung*. Um in diesen Fällen mehr Übersichtlichkeit zu schaffen, können Sie grundsätzlich auch den Bindestrich verwenden:
Kunststoff-Folie, Metall-Legierung.

Diese Lösung ist nicht ganz neu, denn den Bindestrich haben Sie bisher schon verwendet, wenn drei Vokalbuchstaben in Substantiven aufeinander trafen:
Armee-Einheit, Hawaii-Inseln, Kaffee-Ernte, Kaffee-Ersatz, Klee-Einsaat, Klee-Ernte, Schnee-Eifel, Schnee-Eule, See-Elefant, Tee-Ei, Tee-Ernte, Zoo-Orchester.
Im Prinzip hat sich für Sie also nichts geändert. Sie sollten jedoch im Hinterkopf behalten, dass jetzt auch die Schreibung *Kaffeeernte* oder *Zooorchester* korrekt ist.

Sie haben den Bindestrich vielleicht auch in den Fällen benutzt, in denen schon immer drei Konsonantbuchstaben geschrieben werden mussten, beispielsweise bei *Ballett-Truppe* oder bei *Sauerstoff-Flasche*. Dann brauchen Sie diese Praxis nur

auf die neu hinzugekommenen Fälle von Dreifachschreibung auszudehnen:
Ballett-Tänzerin, Ball-Lokal, Bass-Sänger, Bestell-Liste, Bett-Tuch, Bitt-Tag, Brenn-Nessel, Delikatess-Senf, Einschuss-Stelle, Fall-Linie, Fluss-Sand, Fluss-Schifffahrt, Fluss-Spat, Fress-Sack, Fußball-Länderspiel, Geschirr-Reiniger, Gewinn-Nummer, Haselnuss-Strauch, Imbiss-Stand, Kamm-Macher, Kämm-Maschine, Kamm-Muschel, Kenn-Nummer, Klemm-Mappe, Kommiss-Stiefel, Kongress-Saal, Kongress-Stadt, Kontroll-Lampe, Kontroll-Liste, Krepp-Papier, Kristall-Lüster, Kunststoff-Folie, Mess-Stab, Metall-Legierung, Mull-Läppchen, Nass-Schnee, Null-Lage, Null-Leiter, Null-Lösung, Nuss-Schale, Nuss-Schinken, Nuss-Schokolade, Nuss-Strudel, Pass-Stelle, Pass-Straße, Press-Sack, Press-Schlag, Press-Span, Programm-Musik, Ramm-Maschine, Reißverschluss-System, Roll-Laden, Schall-Lehre, Schall-Loch, Schiff-Fahrt, Schlamm-Masse, Schluss-Satz, Schluss-Spurt, Schluss-Strich, Schmuckblatt-Telegramm, Schnell-Läufer, Schritt-Tempo, Schuss-Schwäche, Schwimm-Meister, Sperr-Rad, Sperr-Riegel, Stall-Laterne, Stamm-Mutter, Stemm-Meißel, Still-Leben, Stoff-Farbe, Stoff-Fetzen, Stoff-Fülle, Stress-Situation, Tuff-Felsen, Verschluss-Sache, Werkstatt-Tage, Werkstoff-Forschung, Wett-Teufel, Wett-Turnen, Woll-Lappen, Woll-Laus, Zell-Lehre, Zellstoff-Fabrik.

Vermeiden sollten Sie aber Bindestriche, die sich lesehemmend auswirken können: *Schiff-Fahrtslinie.*

Wenn Sie die Zusammensetzung *Dasssatz* mit Bindestrich schreiben wollen, dann müssen sie klein beginnen: *der dass-Satz.*

18. Die Angleichung englischer Wörter

§

Besteht bei mehrgliedrigen Wörtern, die aus dem Englischen entlehnt sind, die Gefahr der Unübersichtlichkeit, so kann – wie bei deutschen Wörtern – der Bindestrich verwendet werden.

In neuer Rechtschreibung sind die aus dem Englischen entlehnten mehrteiligen Wörter grundsätzlich wie die deutschen zusammenzuschreiben. Das bedeutet eine Anpassung der gebräuchlichen englischsprachigen Wortverbindungen an die deutsche Schreibung und stellt somit einen Schritt in Richtung Vereinheitlichung und Vereinfachung dar. Bei zusammengesetzten Substantiven bildet die zusammengeschriebene Form die Hauptvariante *(Artdirector)*, daneben ist die Schreibung mit Bindestrich *(Art-Director)* erlaubt. Umgekehrt verhält es sich bei den Zusammensetzungen, die aus einem Verb und einer Präposition oder einem Adverb bestehen. In diesen Fällen wird die Bindestrichschreibung bevorzugt *(Break-down)* und die Zusammenschreibung gilt als Nebenform *(Breakdown)*. Der Bindestrich hat vor allem gliedernde Funktion: So ist zum Beispiel *Desktop-Publishing* übersichtlicher und damit leserfreundlicher als *Desktoppublishing*. Er erlaubt in Fällen wie *Moto-Cross* aber auch, die bisherige Schreibweise beizubehalten, sodass kein radikaler Bruch mit der Schreibtradition entsteht:
Actionpainting, auch *Action-Painting; Airconditioning*, auch *Air-Conditioning; Artdirector*, auch *Art-Director; Assessmentcenter*, auch *Assessment-Center; Black-out*, auch *Blackout; Break-down*, auch *Breakdown; Centrecourt*, auch *Centre-Court; Chewinggum*, auch *Chewing-Gum; Come-back*, auch *Comeback; Count-down*, auch *Countdown; Desktoppublishing*, auch *Desktop-Publishing; Fall-out*, auch *Fallout; Feed-back*, auch *Feedback; Hand-out*, auch

Handout; Homebanking, auch *Home-Banking; Jobsharing,* auch *Job-Sharing; Kick-off,* auch *Kickoff; Knock-out,* auch *Knockout; Lay-out,* auch *Layout; Lovestory,* auch *Love-Story; Midlifecrisis,* auch *Midlife-Crisis; Motocross,* auch *Moto-Cross; Play-back,* auch *Playback; Sciencefiction,* auch *Science-Fiction; Sexappeal,* auch *Sex-Appeal; Show-down,* auch *Showdown; Tiebreak,* auch *Tie-Break.*

Sollten Sie sich also für eine Schreibung mit Bindestrich entscheiden, müssen Sie darauf achten, ob es sich beim zweiten Bestandteil der Fügung um ein Substantiv/eine Substantivierung handelt, die dann großzuschreiben ist, also: *Midlife-Crisis* und *Air-Conditioning,* aber *Black-out.*
Das zuvor Gesagte gilt auch, wenn Entlehnungen aus dem Englischen mit deutschen Wörtern zusammengesetzt werden, zum Beispiel:
Jobvermittlung, auch *Job-Vermittlung; Play-back-Verfahren,* auch *Playbackverfahren; Tiebreaksieg,* auch *Tie-Break-Sieg.*

[!] In Fällen, in denen der erste Bestandteil kein selbstständiges Wort ist, sind die Schreibungen mit Bindestrich abgeschafft worden, was aber nicht nur Wörter betrifft, die aus dem Englischen entlehnt sind. Betroffen sind beispielsweise:
afroamerikanisch, afroasiatisch, Afrolook, Angloamerikaner.

Auch zahlreiche englischsprachige Verbindungen aus Adjektiv oder Partizip und Substantiv wurden bisher rechtschreiblich unterschiedlich behandelt: *Big Band, Happy-End, Small talk.* Diese Fügungen werden neu ebenfalls vorzugsweise zusammengeschrieben. Daneben ist jedoch – überwiegend in Anlehnung an die Herkunftssprache – Getrenntschreibung ohne Bindestrich möglich. Dann werden allerdings beide Bestandteile großgeschrieben:

Bigband, auch *Big Band; Blackbox*, auch *Black Box; Bluejeans*, auch *Blue Jeans; Commonsense*, auch *Common Sense; Compactdisc*, auch *Compact Disc; Cornedbeef*, auch *Corned Beef; Fairplay*, auch *Fair Play; Fastfood*, auch *Fast Food; Freeclimbing*, auch *Free Climbing; Freejazz*, auch *Free Jazz; Happyend*, auch *Happy End; Hardcover*, auch *Hard Cover; Highfidelity*, auch *High Fidelity; Highsociety*, auch *High Society; Hotdog*, auch *Hot Dog; Jointventure*, auch *Joint Venture; Shortstory*, auch *Short Story; Smalltalk*, auch *Small Talk; Softdrink*, auch *Soft Drink; Standingovations*, auch *Standing Ovations.*

Als Faustregel für alle behandelten Fallgruppen kann schließlich gelten, dass Sie mit der Wahl der Zusammenschreibung stets auf der richtigen Seite sind.

[>] Noch mehr zur Schreibung mehrteiliger Fügungen erfahren Sie in Abschnitt 31.

[C] Test

Markieren Sie zunächst alle Stellen im folgenden Text, an denen Sie einen Bindestrich setzen wollen. Tragen Sie anschließend jedes mit Bindestrich zu schreibende Wort in die dafür vorgesehene Leerzeile ein.

Wie sie wissen, ist der Bindestrich vielfach fakultativ. Deshalb ist die Wahrscheinlichkeit groß, dass Ihre Lösung von der Auflösung im Anhang abweicht. Sie sollten aber darauf achten, dass Sie in einigen Fällen einen Bindestrich setzen *müssen,* wohingegen in anderen keiner stehen darf. Bedenken Sie bitte weiterhin, dass alle durch einen Bindestrich abgetrennten substantivischen Bestandteile einer Zusammensetzung großzuschreiben sind.

Mit einem 100prozentigen Einsatz aller Ressourcen kann die neue Kaffeeernte auf das große Flussschiff bis zum Abend verladen sein. Dazu muss nur der 26tonner flottgemacht werden. Allerdings fehlt zu seiner Reparatur ein 15erschlüssel, aber so ein 15er wird irgendwo aufzutreiben sein. In den Zwanzigerjahren wäre das ein wirkliches Problem gewesen, doch heute hat man per Funkrundruf schnell heraus, wer über so ein Werkzeug verfügt. Dann braucht man kein Schnellläufer zu sein, um ihn herbeizuholen, denn der Hubschraubernotdienst springt da gerne ein.

Doch dann beginnt eine wirkliche Stresssituation. Wenn nämlich der Lastwagen am Pier angelangt ist, müssen die Träger in zwei Reihen die Säcke im Reißverschlusssystem aufs Schiff schleppen, und der Verlademeister muss mit den Kontrolllisten aufpassen, denn die Istzahl der Säcke muss schließlich mit der Sollzahl übereinstimmen. Wenn er 100%ig richtig zählt, erhält er eine Prämie. Zuerst geht das Verladen im Schritttempo, dann aber wird zum Schlussspurt angesetzt. Das Ganze ist kein Wettturnen, sondern ein Vollzeitjob, bei dem man keinen Blackout haben darf.

1 ....

2 ....

3 ....

4 ....

5 ....

6 ....

7 ....

8 ....

9 ....

10 ....

11 ....

12 ....

13 ....

14 ....

15 ....

16 ....

17 ....

18 ....

D. Groß- und Kleinschreibung

Im Deutschen schreiben wir nicht nur die Eigennamen und die Satzanfänge groß, sondern auch die Substantive. An dieser Besonderheit ändert die Neuregelung der deutschen Rechtschreibung nichts. Sie können und müssen also weiterhin alle Substantive großschreiben.

So weit, so gut. Der Teufel steckt aber bekanntlich im Detail, und genau da gab es bisher jede Menge Ungereimtheiten und Widersprüche: Warum sollte man beispielsweise *in bezug auf*, aber *mit Bezug auf* schreiben? Warum *angst machen*, aber *Angst haben?* Warum *heute mittag*, obwohl *Mittag* eindeutig ein Substantiv ist? Und warum *der Weiße Tod*, obwohl *weiß* ein Adjektiv ist?

Für diese und eine Reihe anderer Schwierigkeiten bietet Ihnen die Neuregelung Lösungen an, die Ihnen das Schreiben erheblich erleichtern werden. Denn Sie können sich nun an zwei Faustregeln orientieren.

Die erste Regel, die im Prinzip schon immer galt, lautet: Achten Sie auf die Wortart, denn von der Wortartzugehörigkeit hängt die Groß- oder Kleinschreibung eines Wortes ab. Deshalb schreiben Sie ab sofort *Angst machen* und *heute Mittag* groß (*Angst* und *Mittag* sind Substantive). Dagegen schreiben Sie jetzt *der weiße Tod* im Normalfall klein (*weiß* ist ein Adjektiv).

Die zweite Regel lautet: Wenn Sie formale Kriterien antreffen, die es erlauben, ein Wort als Substantiv zu behandeln, dann schreiben Sie es groß. Solche formalen Kriterien sind das Vorhandensein von Artikel (*des Näheren*), Präposition (*im Allgemeinen*) oder Kasuszeichen (*Gleiches mit Gleichem vergelten*).

Konsequenterweise wird jetzt beispielsweise auch *des Öfteren, im Übrigen* oder *im Nachhinein* geschrieben.

Insgesamt erhöht sich die Zahl der großzuschreibenden Wörter leicht. Aber die Vereinfachungen und Erleichterungen sind diesen Preis allemal wert.

19. Die Schreibung der Anredepronomen

§

Das Anredepronomen Sie und das entsprechende Possessivpronomen Ihr schreibt man groß.
Die Anredepronomen du und ihr, die entsprechenden Possessivpronomen dein und euer sowie das Reflexivpronomen sich schreibt man klein.

Jetzt zeigen Sie nicht nur durch den Wechsel des Anredepronomens, sondern auch durch die Groß- beziehungsweise Kleinschreibung an, welcher Art die Beziehung zu Ihrem Adressaten ist. Mit der Großschreibung unterstreichen Sie die höfliche Distanz, mit der Kleinschreibung dagegen den vertraulichen Umgang. Wenn im Übrigen Großschreibung ein Zeichen für Höflichkeit und Ehrerbietung ist, dann ist es nur konsequent, die vertraulichen Anredepronomen kleinzuschreiben. Denn warum sollte man demjenigen, den man duzt, noch besondere Ehrerbietung signalisieren? Mit der Kleinschreibung von *du* und *ihr* ist auch noch ein handfester Vorteil verbunden: Bisher waren diese Pronomen ja nur in Briefen oder briefähnlichen Texten großzuschreiben. Was aber ist ein briefähnlicher Text? Gehören dazu beispielsweise auch die Arbeitsanweisungen in Schulbüchern? Probleme dieser Art sind durch die Neuregelung erledigt.

Wenn Sie mit unserem Vorschlag einverstanden sind, schicken Sie uns bitte eine kurze Bestätigung.
Heute ist Ihr Vorschlag endlich bei uns eingegangen.
Wenn du willst, zahle ich die Summe bar.
Natürlich seid ihr herzlich willkommen!
Ist das dein neues Auto?
Wie soll das noch werden, wenn euer neues Auto schon jetzt solche Probleme bereitet?
Sobald Sie sich ein wenig eingelebt haben, können wir mit der Arbeit beginnen.
Wenn du dich noch lange so blöd anstellst, wirst du dir kaum Freunde machen.
Solltet ihr euch verfahren, dann ruft einfach unter folgender Nummer an.
Vermutlich verwenden Sie Anredeformen mit *-seits* nur selten oder gar nicht, dennoch der Vollständigkeit halber zwei Beispiele:
Sie sollten Ihrerseits Vertrauen zu unserer Firma haben.
Bestehen eurerseits noch Fragen?

Die neue Verteilung von Groß- und Kleinschreibung erstreckt sich selbstverständlich auch auf die gebeugten Formen, zum Beispiel:
Ich danke Ihnen für Ihre Hilfsbereitschaft.
Wir erinnern uns Ihres Antrags.
Er gratuliert dir zu deinem Examen.
Sie beglückwünscht euch zu eurem Jubeltag.
Ob deine Eltern dir deinen Wunsch erfüllen werden?
Wie mir eure Einladung zeigt, seid ihr noch immer so generös wie früher.

[!] Vielleicht verwenden Sie zum Scherz manchmal noch veraltete Anredeformen. Diese müssen Sie dann großschreiben:

Peter, was ist Er doch für ein toller Hecht!
Mimi, führe Sie die Gäste herein.
Habt Ihr einen Entschluss gefasst, werter Herr Kollege?

Wer von uns verkehrt schon mit Königinnen oder Königen? Aber vielleicht kommen Sie doch einmal in die Verlegenheit, an einen Botschafter oder universitären Würdenträger zu schreiben. In all diesen Fällen schreiben Sie das Anredepronomen groß:
Seine Majestät, Ihre Majestät, Eure Exzellenz, Eure Magnifizenz, Eure Spektabilität.

Ergänzen Sie die Lücken! [14] Aufgabe

Verehrte Frau Meister, lieber Peter!
Ich muss es einfach mal aussprechen: Wenn ich an meine Freunde in Heidelberg schreibe, dann habe ich große Probleme mit der Anrede. Peter, da ich _eine liebe Frau noch nicht duze, sehe ich mich gezwungen zwischen _ie und _u hin- und herzuspringen. Aber wenn ich _ie, verehrte Frau Meister, und _ich, mein Peter, gemeinsam anreden möchte, weiß ich nie, ob ich _ie oder _uch verwenden soll. Denn „_hre Zeilen von _hrer Hochzeitsreise" klingt mir zu distanziert, und bei „_ure Zeilen von _urer Hochzeitsreise" weiß ich nicht, ob _hnen, Frau Meister, das nicht zu plump vorkommt.

Wenn das jetzt ein Fremder lesen könnte, würde der wohl bei sich denken: „Solche Nöte möchte ich haben!" Aber Peter, _u weißt ja, wie pedantisch _ein alter Freund manchmal sein kann. Und _u wirst _ich bestimmt bei _einer Frau dafür verwenden, dass sie mich nicht für zu spinnert hält. Und liebe, verehrte Frau Meister: Darf ich an _ie appellieren, _hr Urteil erst dann endgültig zu fällen, wenn _ie mich ein wenig besser kennen gelernt haben?

Für den Augenblick wähle ich folgende Lösung: Wenn ich _uch beide meine, schreibe ich abwechselnd _hr und _ie. Ich hoffe, _uch gefällt diese Lösung. Schreiben _ie mir, was _ie davon halten. Oder noch besser, ich besuche _uch demnächst in _urem neuen Heim, und _ie und ich besprechen das bei einem guten Schoppen. Vielleicht lassen sich die Probleme so am besten lösen.

Bis dahin grüße ich recht herzlich nach Heidelberg als _hr respektive _ein

Heinrich Müller

20. Die Kleinschreibung des Adjektivs in festen Verbindungen mit einem Substantiv

§

In festen Verbindungen, die aus einem Adjektiv und einem Substantiv bestehen, wird das Adjektiv in der Regel kleingeschrieben.

So schreibt man jetzt zum Beispiel *das schwarze Brett, die schwarze Magie, die erste Hilfe.* Zugleich bedeutet das aber auch eine Angleichung an Fälle wie *die schwarze Liste, die schwarze Messe, der erste Spatenstich,* die schon immer kleinzuschreiben waren. Außerdem sind nun beispielsweise kleinzuschreiben:
der blaue Brief, das autogene Training, die gelbe Karte, das gelbe Trikot, der goldene Schnitt, die goldene Hochzeit, die graue Eminenz, das große Los, die grüne Lunge, die hohe Schule, die höhere Mathematik, die innere Medizin, der italienische Salat, die künstliche Intelligenz, das olympische Feuer, der schnelle Brüter, hinter schwedischen Gardinen, das schwarze Schaf, die singende Säge, der weiße Tod, das zweite Gesicht.

In manchen Fachsprachen ist die Großschreibung von Adjektiven, die mit einem Substantiv eine feste Verbindung eingehen, üblich:
die Gelbe Karte (im Fußball), *die Kleine Anfrage* (im Bundestag).

[!] Bildet die feste Verbindung aus Adjektiv und Substantiv einen Eigennamen, so wird das Adjektiv generell großgeschrieben:
der Blaue Planet (die Erde), **das Bibliographische Institut, der Deutsche Bundestag, die Dritte Welt, der Börsenverein des Deutschen Buchhandels, Zum Goldenen Anker, die Kapverdischen Inseln, die Große Mauer** (in China), **das Rote Kreuz, der Schwarze Kontinent, der Stille Ozean, der Trierische Volksfreund, die Vereinten Nationen, das Zweite Deutsche Fernsehen.**

Obwohl nicht Teil eines Eigennamens, wird das Adjektiv auch in folgenden Fällen großgeschrieben:

- Titel, Ehrenbezeichnungen sowie Amts- und Funktionsbezeichnungen: *Ihre Königliche Hoheit, der Heilige Vater, der Regierende Bürgermeister, der Erste Bürgermeister, der Technische Direktor, der Leitende Bibliotheksdirektor;*
- klassifizierende Bezeichnungen in Botanik und Zoologie: *die Schwarze Witwe, die Gemeine Stubenfliege, der Rote Milan, das Fleißige Lieschen;*
- Kalendertage: *der Heilige Abend, der Weiße Sonntag, der Erste Mai;*
- historische Ereignisse und Epochen: *der Westfälische Frieden, der Deutsch-Französische Krieg 1870/71, der Zweite Weltkrieg, die Ältere und die Jüngere Steinzeit, die Goldenen Zwanziger* (aber *die Zwanzigerjahre,* auch *die zwanziger Jahre,* siehe auch Abschnitt 15).

[>] Im Abschnitt 21 finden Sie Hinweise zur Schreibung von Adjektiven, die aus Eigennamen abgeleitet sind.

15 Aufgabe

Groß oder klein?
Ergänzen Sie die fehlenden Buchstaben im folgenden Brief!

Lieber Theodor,
wie du dich sicher erinnerst, haben uns die Enkelkinder zur _oldenen Hochzeit eine Reise auf die _apverdischen Inseln geschenkt, wo uns Gott sei Dank der _eiße Tod nicht ereilen kann (bitte entschuldige den Kalauer). Wir sind am _eiligen Abend losgeflogen, und stell dir vor, wen wir auf dem Flugplatz getroffen haben, den _echnischen Direktor der XYZ-Werke, von dem du immer als _rauer Eminenz sprichst (Maria nennt ihn dagegen einen _chnellen Brüter). Wir fühlen uns hier ausgesprochen wohl, obwohl uns die _emeine Stubenfliege ganz gemein peinigt. Maria könnte sich bei der Jagd auf diese Plagegeister glatt das _elbe Trikot verdienen. Ansonsten gehen wir es gemütlich an, Maria beschäftigt sich wie schon so oft mit Büchern über die _ltere Steinzeit, während ich den Geheimnissen des _oldenen Schnitts bei Dürer nachspüre.

Jetzt noch ein wenig Klatsch. Hast du auch schon gehört, dass der Meier zum _eitenden _kademischen Direktor ernannt worden ist? Hatte ich eine Wut! Am liebsten hätte ich dem Wissenschaftsminister die _ote Karte gezeigt. Wenn ich könnte, würde ich ihn über die _roße Mauer stürzen oder im _tillen Ozean versenken. Wer wann befördert wird, das ist wirklich _öhere Mathematik!

Es grüßt dich ganz herzlich dein

Heinrich

PS: Im _euen Jahr werde ich meinen Frust mit _utogenem Training bekämpfen!

21. Die Kleinschreibung von aus Eigennamen abgeleiteten Adjektiven auf -(i)sch

§

Werden aus Eigennamen Adjektive mit dem Suffix -(i)sch gebildet, so sind diese kleinzuschreiben.

Schon bislang wurden Adjektive aus Eigennamen + *-(i)sch* wie *berlinischer Mutterwitz, englischer Stoff, indischer Tee, tschechisches Bier* kleingeschrieben. Speziell bei Ableitungen von Personennamen mussten Sie aber unterscheiden, ob mit der Verbindung von Adjektiv und Substantiv eine persönliche Leistung bezeichnet wurde oder ob es sich um eine sekundäre Benennung handelte, zum Beispiel: *das Ohmsche Gesetz* (das Gesetz, das von Ohm entdeckt wurde), aber *der ohmsche Widerstand* (das Phänomen, das nach Ohm benannt wurde); *die Schillerschen Balladen* (die Balladen, die Schiller gedichtet hat), aber *mit schillerschem Pathos* (mit einem Pathos, das an Schiller erinnert oder von ihm entlehnt ist). Solche Subtilitäten entfallen jetzt:
der archimedische Punkt, die aristotelische Logik, die bismarckschen Sozialgesetze, die darwinsche Lehre, das d'hondtsche System, die faradayschen Gesetze, das foucaultsche Pendel, eine freudsche Fehlleistung, die goetheschen Dramen, die grimmschen Märchen, die haydnschen Sinfonien, die hegelsche/kantische/marxsche Philosophie, die heineschen Reisebilder, die horazischen Satiren, die juvenalischen Satiren, die lessingschen Dramen, die luthersche Bibelübersetzung, die mendelschen Regeln, das ohmsche Gesetz, die pindarischen Verse, das plancksche Strahlungsgesetz, potemkinsche Dörfer, die rubensschen Gemälde, die schillerschen Balladen, die shakespeareschen Sonette, die sophokleischen Tragödien.

[!] Wenn Sie aber den Namen einer Person hervorheben wollen, um so das Augenmerk ausdrücklich auf sie zu lenken, dann können Sie das Adjektiv großschreiben, sofern Sie die Nachsilbe mit einem Apostroph abtrennen, zum Beispiel:
die Goethe'schen Dramen, die Grimm'schen Märchen, das Ohm'sche Gesetz, Potemkin'sche Dörfer.

Ableitungen mit anderen Nachsilben werden kleingeschrieben:
mit eulenspiegelhaftem Schalk, eine kafkaeske Stimmung.

Achtung! Ableitungen von geografischen Eigennamen auf *-er* werden auch weiterhin großgeschrieben:
die Berliner Bevölkerung, die Mecklenburger Landschaft, der Schweizer Käse, die Trierer Altstadt.

[>] Zur Schreibung von Adjektiven auf *-(i)sch*, die wiederum Teile von Eigennamen sind, finden Sie mehr im Abschnitt 20.

Sie bekommen zwei Möglichkeiten angeboten. Welche Schreibung ist richtig? [16] Aufgabe

Von A/aristotelischer Logik sind Diskussionen im Alltag selten beseelt, da sie eher Streitereien ähneln als der folgerichtigen Entwicklung von Positionen. Und doch treffen sie hin und wieder den A/archimedischen Punkt. Dies geschieht jedoch nicht immer zur Freude aller Beteiligten. Wer dann allerdings mit dem Hinweis auf eine F/freud'sche Fehlleistung abzuwiegeln versucht, der sollte dies eher mit E/eulenspiegelhaftem Unterton tun als mit K/kafkaesker Gebärde. Sonst wird noch behauptet, er rede S/schweizer Käse. Wer dagegen über L/luther'sche Wortgewalt gebietet, mag seinen Kontrahenten manches verbale P/potemkinsche Dorf präsentieren.

22. Die Großschreibung von Substantiven in festen Gefügen mit Verben

§

Substantive, die mit Verben ein festes Gefüge bilden, aber mit diesen nicht zusammengeschrieben werden, sind großzuschreiben.

Wie in Abschnitt 7 beschrieben, werden Verbindungen aus Substantiv und Verb getrennt geschrieben. Da ist es nur folgerichtig, dass die Substantive großgeschrieben werden:
Auto fahren, Diät leben, Eis laufen, Folge leisten, Hof halten, Kegel schieben, Kopf stehen, Maschine schreiben, Maß halten, Not leiden, Not tun, Pleite gehen, Rad fahren, Recht sprechen, Schlange stehen; Angst haben, jemandem Angst und Bange machen, etwas sein Eigen nennen, zu Eigen geben, zu Eigen machen, Ernst machen mit etwas, Recht haben/behalten/bekommen, jemandem Recht geben, (keine) Schuld tragen, Unrecht haben/behalten/bekommen, Wert legen auf etwas.

In einer Reihe von Fügungen bleibt es Ihnen überlassen, ob Sie diese als Wortgruppe oder als Zusammensetzung behandeln wollen. Entscheiden Sie sich für die Wortgruppe, dann ist das darin enthaltene Substantiv großzuschreiben. Sie haben aber auch immer die Alternative der Klein- und Zusammenschreibung:
in Frage stellen, infrage stellen; in Frage kommen, infrage kommen; in Stand halten, instand halten; in Stand setzen, instand setzen; sich etwas zu Nutze machen, sich etwas zunutze machen; zu Rande kommen, zurande kommen; jemanden zu Rate ziehen, jemanden zurate ziehen; sich etwas zu Schulden kommen lassen, sich etwas zuschulden kommen lassen; zu Stande bringen, zustande bringen; zu Stande kommen, zustande kommen; zu Tage fördern, zutage fördern; zu Tage treten, zutage treten; zu Wege bringen, zuwege bringen.

Achtung! In Fügungen mit *sein* oder *werden* sind *angst, bange, ernst, gram, leid, pleite, recht, schuld* und *wert* auch weiterhin kleinzuschreiben, da sie in diesen Fällen als Adjektive gebraucht werden:
Es ist mir sehr recht, wenn sie mich nicht mehr besucht.
Du bist selbst schuld daran, dass du jetzt pleite bist.
Dass ihr so schnell gekommen seid, ist mir viel wert.
Bei diesen Drohungen kann uns angst und bange werden.
Als er über seine Kindheit sprach, wurde er plötzlich ernst.
Ich bin es mittlerweile leid, immer neue Ausreden zu hören.

Bei *Leid tun* ist auch die Form *leidtun* zulässig:
Das wird dir noch Leid tun. Das wird dir noch leidtun.
Es tut uns Leid. Es tut uns leid.

[>] Zur Getrenntschreibung von Verbindungen mit *sein* finden Sie im Abschnitt 13 Genaueres.

Was ist richtig? Markieren Sie die korrekte Schreibung! [17] Aufgabe

Auch wenn du behauptest, keine S/schuld zu tragen, bist du doch S/schuld an dieser Katastrophe. Wir müssten keineswegs P/pleite sein, aber du hast schließlich verhindert, dass der rettende Vertrag zu S/stande kommen konnte. Ich bin es L/leid, dass du ständig A/angst davor hast, die nötigen Entscheidungen zu fällen. Mir kannst du in Zukunft mit deinen Bedenken nicht mehr A/angst und B/bange machen, wiewohl einem bei deinen Spinnereien schon A/angst und B/bange werden müsste. Aber du wirst auch nicht mehr von mir erwarten können, dass ich dich weiterhin E/ernst nehme oder dich überhaupt noch zu R/rate ziehe. Und unterstelle mir ja nicht, mir ginge es immer nur darum, R/recht zu behalten. Dir das mit aller Deutlichkeit gesagt zu haben, darauf lege ich ausdrücklich W/wert.

23. Die Großschreibung von Substantiven in festen Gefügen mit Präpositionen

§

Substantive, die mit Präpositionen ein festes Gefüge bilden, aber mit diesen nicht zusammengeschrieben werden, sind großzuschreiben.

Damit ist der Fall *in bezug auf* oder *in Bezug auf* zu Gunsten der Großschreibung entschieden. Der direkte Vorteil für Sie besteht darin, dass Sie im Zweifelsfall jetzt einfach großschreiben können. Wenn Sie wollen, können Sie sich außerdem noch die Fälle merken, in denen weiterhin Kleinschreibung möglich ist, allerdings gilt dann auch Zusammenschreibung:
auf Abruf; in Bälde; in/mit Bezug auf; im Grunde; auf Grund, auch *aufgrund; zu Grunde gehen*, auch *zugrunde gehen; zu Gunsten/zu Ungunsten*, auch *zugunsten/zuungunsten; zu Händen von*, aber *zuhanden von* und *abhanden kommen; mit Hilfe*, auch *mithilfe; in Hinsicht*, aber immer *infolge; dort zu Lande*, auch *dortzulande; zu Lasten*, auch *zulasten; zur Not*, aber *vonnöten; zur Seite; auf Seiten, von Seiten*, auch *aufseiten, vonseiten*, aber immer nur *beiseite; im Stande*, auch *imstande; außer Stande*, auch *außerstande.*

In den folgenden festen Wortverbindungen ist allein die Großschreibung des Substantivs korrekt:
außer (aller) Acht lassen, in Acht nehmen, in Betracht kommen/ziehen, ihm stehen die Haare zu Berge, zu Hilfe kommen, in Kauf nehmen.

Setzen Sie die richtigen Buchstaben ein! [18] Aufgabe

Denkt Heinrich an die Neuregelung der Orthografie, kommt er leicht ins Grübeln:

„Wenn ich in _etracht ziehe, dass in _insicht auf die neue Rechtschreibregelung zum Teil ganz falsche Vorstellungen herrschen, dann stehen mir die Haare zu _erge. Auf _rund (oder _ufgrund) vieler Tatarenmeldungen meinen manche, das Abendland gehe jetzt zu _runde (oder _ugrunde). Doch wer ein großes Ziel verfolgt, der darf die öffentliche Meinung im _runde nicht außer _cht lassen, muss aber in _auf nehmen, dass auf _eiten (oder _ufseiten) schlecht Informierter manchmal das Augenmaß _bhanden kommt. Doch lassen wir das Räsonieren _eiseite und zeigen wir stattdessen Optimismus: Mit _ezug auf die Akzeptanz der neuen Regeln erwarte ich, dass uns in _älde die ersten Erfahrungsberichte zu _ilfe kommen werden. Dann sind wir auch im _tande (oder _mstande) besser zu beurteilen, was sich zu _unsten (oder _ugunsten) und was sich zu _asten (oder _ulasten) der Schreibenden auswirkt."

24. Die Großschreibung der unbestimmten Zahladjektive

§

Unbestimmte Zahladjektive, die den Indefinitpronomen nahe stehen, werden großgeschrieben.

Die unbestimmten Zahladjektive wurden bisher kleingeschrieben. Da es jedoch nicht immer einfach ist, genau zu bestimmen, ob ein Adjektiv ein Zahlwort ist oder ein Substantiv, gab es bislang Einzelfestlegungen der Schreibung, die nicht immer leicht nachzuvollziehen waren. Wer durchschaute schon auf den ersten Blick, dass *alles übrige* kleinzuschreiben war, *das Weitere* aber groß? Deshalb schreiben Sie ab jetzt einfach alles groß:

Jeder Einzelne ist dazu aufgerufen, auf die Umwelt Rücksicht zu nehmen.
Ich bin als Einzelner doch gar nicht in der Lage, die neue Rechtschreibung durchzusetzen.
Hans ist der Einzige, der ununterbrochen arbeitet.
Hans arbeitet als Einziger ununterbrochen.
Du musst die Ausstellung als Ganzes auf dich wirken lassen.
Ich muss das Ganze noch einmal überdenken.
Aus Süßigkeiten macht er sich nicht das Geringste.
Auf ihrer Reise haben unsere Freunde alles Mögliche erlebt.
Wir hatten noch Verschiedenes in der Stadt zu erledigen.
Alles Übrige besprechen wir dann im kleinen Kreis.
Über dieses Ereignis staunten Unzählige/Ungezählte/Zahllose vor den Bildschirmen.
Alles Weitere werden wir sehen.

[!] Eine wichtige Einschränkung sollten Sie sich aber merken: Weiterhin kleingeschrieben werden in der Regel die vier Zahladjektive **viel, wenig, eine, ander** mitsamt ihren Beugungsformen:
Unter denen, die kamen, waren viele, die den Heiligen Rock schon einmal gesehen hatten.
Der eine oder andere wird diese Theateraufführung nicht vergessen.
Den wenigen, die die Einladung wahrgenommen hatten, wurde ein vorzügliches Essen serviert.
Nur noch weniges können wir davon gebrauchen.
Alles andere erzähle ich dir bei einem Glas Wein.
Unter anderem geht es bei diesem Plan um die Erschließung von Bauland.
Die meisten sind mit wenigem zufrieden.
Das viele, das ihr gegeben wurde, wurde ihr auch wieder genommen, sodass ihr nur noch weniges blieb.
Das können auch andere bestätigen.

Aber: Wenn Sie hervorheben wollen, dass Sie das Adjektiv nicht als unbestimmtes Zahlwort verstehen, können Sie es auch großschreiben:

Der Präsident strebte etwas ganz anderes, auch: **Anderes** (etwas Andersartiges/völlig Neues) **an. Es sind viele,** auch: **Viele dafür, die meisten,** auch: **Meisten sind aber dagegen.**

Markieren Sie die richtige Alternative!

19 Aufgabe

Wenn Z/zahllose an einem Strang ziehen, dann erreichen sie in der Regel mehr als jeder E/einzelne für sich allein. Doch stellt sich der E/eine oder A/andere nicht in den Dienst des G/ganzen, kann ein Unternehmen gefährdet sein. Echte Quertreiber aber werden sich daraus nicht das G/geringste machen und alles W/weitere von sich abtropfen lassen. Dass W/wenige die V/vielen behindern, wird die M/meisten stören, und diese werden alles M/mögliche unternehmen und V/verschiedenes ausprobieren, um das Problem zu lösen. Sie werden unter A/anderem auch versuchen, die E/einzelnen zur Zusammenarbeit zu bewegen. Die ganz Engagierten können über dieser Aufgabe alles Ü/übrige vergessen.

25. Die Großschreibung von substantivierten Ordnungszahlen

§

Substantivierte Ordnungszahlen werden großgeschrieben.

Dies galt in der Vergangenheit nur zum Teil, da Sie zwei Fälle unterscheiden mussten: Wenn mit der Ordnungszahl nur eine bloße Reihenfolge ausgedrückt wurde, war sie kleinzuschreiben,

andernfalls aber groß, *sie fuhr als erste* = zuerst *durchs Ziel,* aber *sie kam als Erste* = als Siegerin *durchs Ziel.* Diese feinen Unterschiede brauchen Sie jetzt nicht mehr zu beachten, sondern Sie schreiben alles groß:
der Erste; Ersterer; Erster sein/werden; als Erstes; am Ersten jedes Monats; fürs Erste; die Rechte Dritter; als Dritter an der Reihe sein; jeder Fünfte; vom Hundertsten ins Tausendste kommen; der Letzte; Letzterer; Letzter sein/werden; als Letztes; als Nächstes wollen wir ...; die Nächste, bitte; wie kein Zweiter arbeiten.

Ergänzen Sie die fehlenden Anfangsbuchstaben! [20] Aufgabe

Wenn Heinrich beim Arzt warten muss, dann beobachtet er immer scharf, als Wievielter er an der Reihe ist:
„Noch bin ich __etzter, das bedeutet, ich bin als __ünfter dran. Doch was ist denn da los? Will doch die Frau dem Neuankömmling den Vortritt lassen! Weiß sie nicht, dass sie damit Rechte __ritter verletzt? Auf diese Weise kann ich ja nie __rster werden. Und mein Nachbar, der nervt: Wie der vom __undertsten ins __ausendste kommt. Der schwätzt wie kein __weiter. Fürs __rste will ich versuchen, einfach wegzuhören. Vielleicht wäre es eine gute Lösung, wenn nur jeder __weite aufgerufen würde. Aber dann müsste ich es einrichten, dass ich als __ritter oder __ünfter das Wartezimmer betrete. Und was ist, wenn die Sprechstundenhilfe nicht mit dem __rsten beginnt, sondern mit dem __weiten? Dann müsste ich der _weite oder __ierte sein – so ein Quatsch. Hauptsache, ich bin gleich dran, alles Übrige interessiert doch nicht. Ah, da ist ja die Sprechstundenhilfe: Der __ächste, bitte. Das bin ich. Gott sei Dank. Was für eine Karriere, vom __etzten zum __rsten zu werden."

26. Die Großschreibung von substantivierten Adjektiven in festen Wendungen

§

Substantivierte Adjektive, die Bestandteile fester Wendungen bilden, sind großzuschreiben.

Diese Festlegung bedeutet für Sie eine erhebliche Erleichterung, werden mit ihr doch eine Reihe von Zweifelsfällen beseitigt. Dies gilt zuerst einmal von substantivierten Adjektiven in Verbverbindungen. Deren konsequente Großschreibung führt dazu, dass Sie sich keine Gedanken mehr darüber machen müssen, ob Sie die Verbindung gerade in wörtlicher oder übertragener Bedeutung gebrauchen und dementsprechend das Adjektiv groß- oder kleinzuschreiben haben: *auf dem Trockenen sitzen* (auf trockenem Land sitzen), aber *auf dem trockenen sitzen* (kein Geld haben). Zusätzlich hatten Sie noch die Fälle zu berücksichtigen, in denen die Unterscheidung in der Schreibung nicht gemacht wurde: *ins Schwarze treffen* (in die Mitte der Zielscheibe treffen/einem Sachverhalt völlig gerecht werden). Nicht einzusehen waren auch die unterschiedlichen Schreibungen von *im verborgenen* und *im Freien.* Jetzt schreiben Sie alles groß, ohne weiter dabei überlegen zu müssen, zum Beispiel: *im Argen liegen, zum Besten geben, zum Besten von jemandem geschehen/sein, jemanden vor dem Ärgsten bewahren, zum Besten haben/halten, im Dunkeln bleiben, im Dunkeln tappen, auf dem Laufenden halten/sein, nicht im Geringsten stören, es im Guten versuchen, sich über etwas im Klaren sein, aus dem Vollen schöpfen, sein Schäfchen ins Trockene bringen, den Kürzeren ziehen, auf dem Trockenen sitzen, im Trüben fischen, sich ins Unabsehbare ausweiten, im Unklaren bleiben, im Unklaren lassen, im Verborgenen blühen, etwas im Stillen vorbereiten, mit jemandem/etwas im Reinen sein, ins Reine kommen/bringen, bis ins Einzelne geregelt, ins Einzelne gehend, im Ganzen gesehen.*

Die Neuregelung gilt auch für freier verwendbare Wendungen mit Adjektiven, die mit einem Artikel oder einer Präposition verbunden sind. Auch das bringt Ihnen Erleichterung. Dafür einige Beispiele, die bislang kleingeschrieben wurden oder bei denen zumindest Unsicherheit herrschte:

ich habe etwas Ähnliches erlebt; und/oder Ähnliches, u. Ä., o. Ä.; das Allerbeste/Beste sein; um ein Beträchtliches höher sein; jeder Beliebige; den Erstbesten nehmen; wir haben Derartiges nicht bemerkt; jeder Einzelne von uns; der/die/das Einzige; das Einzigartige ist; Folgendes/das Folgende ist zu beachten; es ist das Gegebene, schnell zu handeln; um ein Geringes; es geht ihn nicht das Geringste an; das Gleiche/ein Gleiches tun; das Größte wäre; es wäre das Klügste, wenn; des Langen und Breiten; es wäre uns das Liebste, wenn; wir haben das Menschenmögliche getan; das Mindeste; sein Möglichstes tun; etwas des Näheren erläutern; aufs Neue; auf ein Neues; des Öfteren; das ist genau das Richtige für mich; das Schlimmste ist; das Sicherste ist; alles Sonstige; unten Stehendes/das unten Stehende; das Vorige gilt auch; Vorstehendes/das Vorstehende gilt auch; des Weiteren wird gesagt;

aufs Gleiche hinauskommen; im Allgemeinen und im Besonderen; im Bösen wie im Guten; im Einzelnen; nicht im Entferntesten; wie im Folgenden erläutert; nicht im Geringsten; im Großen und Ganzen; im Klaren; ein Staat im Kleinen; nicht im Mindesten; im Nachstehenden heißt es; im Nebenstehenden wird gezeigt; imVorangehenden/Vorhergehenden heißt es; im Vorigen/Vorstehenden heißt es; im Übrigen; es besteht im Wesentlichen aus; bis ins Kleinste.

[!] In bestimmten festen Verbindungen aus Präposition und nicht dekliniertem Adjektiv ohne vorangehenden Artikel wird weiterhin kleingeschrieben: **durch dick und dünn, über kurz oder lang, von klein auf, von nah und fern, schwarz auf weiß, grau in grau.**

Wenn das Adjektiv dekliniert ist, können Sie zwischen der Groß- oder Kleinschreibung wählen: **von neuem/von Neuem, von weitem/von Weitem, bis auf weiteres/bis auf Weiteres, ohne weiteres/ohne Weiteres, seit längerem/seit Längerem.**

Großschreiben müssen Sie aber *im Nachhinein, im Voraus, im Vorhinein.*

[>] Die Schreibung von Verbindungen mit *aufs/auf das* und Superlativ finden Sie im Abschnitt 30 behandelt.

Ergänzen Sie die fehlenden Buchstaben! [21] Aufgabe

Heinrich zieht mit Theodor durch _ick und _ünn, weil er sein _öglichstes tun will, seinen Freund vor dem _rgsten zu bewahren. Natürlich ist er sich darüber im _laren, dass es das _icherste wäre, sein Freund würde auf unüberlegte Abenteuer verzichten. Das hat er Theodor auch des _angen und _reiten erläutert, obwohl er sich darüber im _laren war, dass der sich nicht im _eringsten durch diese Ausführungen stören lassen würde. Theodor gehört nun mal zu den unbesonnenen Menschen, die riskieren, im _unkeln zu tappen, anstatt etwas bis ins _leinste vorzubereiten. Lieber sitzt er auf dem _rockenen und zieht dabei auch noch den _ürzeren. Der Gedanke, etwas könnte im _oraus bis ins _inzelne geregelt sein, macht ihm Angst. Zwar hat er schon des _fteren eingeräumt, es wäre sicherlich das _lügste, den Ratschlägen Heinrichs zu folgen. Aber bis auf _eiteres sei es ihm am _iebsten, wie bisher weiterzumachen. Als Zugeständnis sagte er zu, Heinrich über seine Pläne auf dem __aufenden zu halten. Und deshalb hält Heinrich auch weiterhin im __ösen wie im __uten zu Theodor.

27. Die Großschreibung von Adjektiven in Paarformeln

§

Paarformeln mit nicht deklinierten Adjektiven, die zur Bezeichnung von Personen dienen, werden großgeschrieben.

Vermutlich benutzen Sie solche Paarformeln nicht allzu oft. Dennoch bedeutet diese Regelung eine gewisse Erleichterung, da Sie jetzt nicht mehr zwischen nicht dekliniertem und dekliniertem Gebrauch unterscheiden müssen:
Der Tod macht Arm und Reich gleich. Bisher schon: *Der Tod macht Arme und Reiche gleich.*
Das Gesetz soll zwischen Arm und Reich keinen Unterschied machen. Bisher schon: *Das Gesetz soll zwischen Armen und Reichen keinen Unterschied machen.*
Die Veranstalter bieten ein Programm für Groß und Klein. Bisher schon: *Die Veranstalter bieten ein Programm für Große und Kleine.*
Jung und Alt feiern gemeinsam ein fröhliches Fest. Bisher schon: *Junge und Alte feiern gemeinsam ein fröhliches Fest.*
Hoch und Niedrig amüsierten sich unterschiedslos. Bisher schon: *Hohe und Niedrige amüsierten sich unterschiedslos.*
Auch: *Gleich und Gleich gesellt sich gern.*

Bei den folgenden Beispielen handelt es sich zwar nicht um Paarformeln, aber großgeschrieben werden sie trotzdem: *aus Alt mach Neu; aus Schwarz Weiß machen.*

22
Aufgabe

Eigentlich lohnt sich hier keine Übung, aber wenn Sie wollen, können Sie die fehlenden Buchstaben einsetzen.

Heinrich plant eine Party, zu der er schriftlich einlädt. Doch da er etwas altmodisch ist, spricht er nicht von Kids und Gruftis ... „Heinrich Müller würde sich freuen, mit _ung und _lt ein rauschendes Fest zu feiern. Er will zwischen seinen Gästen keine Unterschiede machen: Deshalb sind geladen _och und _iedrig wie _rm und _eich. Auch Unverheiratete sind herzlich willkommen, denn _leich und _leich gesellt sich gern. Wenn Heinrich schon nicht aus _chwarz _eiß machen kann, so will er wenigstens versuchen, aus _lt _eu zu machen, um _roß und _lein zu erfreuen."

28. Die Großschreibung von Sprachbezeichnungen mit Präposition

§

Sprachbezeichnungen werden in Verbindung mit Präpositionen großgeschrieben.

Wie wir Sprachbezeichnungen schreiben, ist klar: als Substantive groß und als Adjektive klein:
Sein Amerikanisch hat noch immer einen deutschen Akzent.
Sie trägt ihr Referat französisch vor, diskutiert aber deutsch.
Wie wir alle wissen, ist Englisch eine Weltsprache.

Unsicherheiten gab es bislang aber bei Verknüpfungen von Sprachbezeichnungen mit Präpositionen. Sind sie als Substantive oder als Adjektive zu behandeln? Jetzt ist diese Frage zugunsten der substantivischen Interpretation entschieden.

Bislang haben Sie ja schon die Farbbezeichnungen mit Präposition großgeschrieben:
Wenn die Ampel auf Rot schaltet, müssen Sie warten, bei Grün dürfen Sie fahren. Mit Gelb sollten Sie sehr vorsichtig umgehen.
Nun schreiben Sie die Sprachbezeichnungen mit Präposition ebenfalls grundsätzlich groß:
Sie trägt ihr Referat auf Französisch vor, diskutiert aber auf Deutsch.
Äußert er sich auf Amerikanisch, so kann er seinen deutschen Akzent nicht verleugnen.
Alle Texte in Niederländisch sind ins Dänische zu übersetzen.
Mit Englisch kommt man fast durch die ganze Welt.

Nebenbei: Bei den Sprachbezeichnungen haben Sie manchmal die Wahl zwischen groß oder klein. Dann ist aber immer ein Bedeutungsunterschied im Spiel:
Was spricht sie?/Was für eine Sprache spricht sie? – Sie spricht Dänisch/ein hervorragendes Dänisch.
Wie spricht sie? – Sie spricht dänisch/hervorragend dänisch.

Groß oder klein? Entscheiden Sie sich für die richtige Lösung! [23] Aufgabe

Obwohl die Dolmetscherin ganz gut __panisch spricht, fehlen ihr dennoch manchmal Fachtermini auf __panisch. Daneben beherrscht sie noch __riechisch und __ortugiesisch. Am besten drückt sie sich aber in __eutsch aus, während sie im __iederländischen so manchen Fehler macht. Schriftlich beherrscht sie __eutsch besonders gut, zumal sie die Rechtschreibregeln im __eutschen bestens kennt. So weiß sie auch, wie man die Farbbezeichnungen in den folgenden Sätzen schreibt: „Wir bieten Ihnen die Stoffe in allen Farben an: in __rün, in __ot, in __lau usw. Alle Farbtöne sind lieferbar, lediglich bei __rün können kleine Verzögerungen eintreten."

29. Die Großschreibung von Tageszeiten in Verbindung mit gestern, heute und morgen

§

Stehen Bezeichnungen von Tageszeiten mit den Adverbien gestern, heute und morgen zusammen, so werden sie großgeschrieben.

gestern/heute/morgen Abend;
gestern/heute/morgen Morgen;
gestern/heute/morgen Mittag/Nachmittag/Vormittag;
gestern/heute/morgen Nacht.
Das gilt natürlich auch für *vorgestern* und *übermorgen:*
übermorgen/vorgestern Abend/Morgen/Mittag/Nachmittag/Vormittag/Nacht.

Bezeichnungen für Tageszeiten, die mit einem Namen für einen Wochentag verbunden sind, werden nach der neuen Rechtschreibung nur noch groß- und zusammengeschrieben:
am Montagabend, am Dienstagmorgen, am Mittwochmittag, am Donnerstagvormittag, am Freitagnachmittag.

[!] Die nachgetragene Zeitangabe **früh** kann, muss aber nicht als Substantiv betrachtet werden. Deshalb kann klein- oder großgeschrieben werden: **heute früh/Früh.**

Ergänzen Sie die fehlenden Buchstaben! [24] Aufgabe

Heinrich, das Organisationsgenie, verabredet das nächste Treffen: „Wir haben zwei Möglichkeiten: Entweder treffen wir uns heute __bend oder übermorgen __ittag. Notfalls ginge es auch morgen __rüh. Aber bitte sorge dafür, dass es nicht wieder wie vorgestern _achmittag wird; vor allem will ich deine Entschuldigung von heute _orgen, wir hätten uns auf gestern _acht verabredet, nicht noch einmal hören.“

30. Die Großschreibung von Superlativen mit **aufs**

§

Superlative, die mit aufs gebildet sind, werden großgeschrieben. Als Nebenform ist jedoch auch Kleinschreibung zugelassen.

Die Großschreibung stellt eine Anpassung an die Regel dar, dass substantivierte Adjektive großzuschreiben sind. Als formales Merkmal gilt der Artikel, der in *aufs* mit der Präposition verschmolzen ist: *auf das.* Also:
aufs Äußerste gespannt, aufs Beste geregelt sein, etwas aufs Dringendste fordern, aufs Eindringlichste warnen, aufs Eingehendste untersuchen, aufs Engste verflochten, auf das Entschiedenste zurückweisen, aufs Genaueste festgelegt, jemanden aufs Gröbste beleidigen, auf das Herzlichste begrüßen, aufs Höchste erfreut, etwas auf das Schärfste verurteilen, aufs Strengste unterscheiden, aufs Tiefste gekränkt.

Die Großschreibung der Superlative mit *aufs* ist die Hauptvariante, zu der als Nebenvariante die Möglichkeit der Kleinschreibung tritt. Das hängt damit zusammen, dass wir nach Superlativen, die mit *am* gebildet sind, mit „Wie?“ fragen können:
Der ICE fährt am schnellsten. – Wie fährt der ICE? – Am schnellsten.
Ganz analog dazu können wir auch bei Superlativen mit *aufs* mit „Wie?“ fragen:

Der Hausherr begrüßte seine Gäste aufs Herzlichste. – Wie begrüßte der Hausherr seine Gäste? – Aufs Herzlichste.
Das ist der Grund dafür, dass Sie auch weiterhin schreiben können:
aufs äußerste gespannt, aufs beste geregelt sein, etwas aufs dringendste fordern, aufs eindringlichste warnen, aufs eingehendste untersuchen, aufs engste verflochten, auf das entschiedenste zurückweisen, aufs genaueste festgelegt, jemanden aufs gröbste beleidigen, auf das herzlichste begrüßen, aufs höchste erfreut, etwas auf das schärfste verurteilen, aufs strengste unterscheiden, aufs tiefste gekränkt.

[!] Die Alternative „groß oder klein?“ ist auf Superlative mit **aufs/ auf das** beschränkt. Verbindungen von Artikel oder den Präpositionen **im/ins/vorm/zum** und Superlativ sind dagegen stets großzuschreiben:
Es ist das Beste, wenn du jetzt gehst.
Er gab den Versammelten einen seiner berühmten Witze zum Besten.
Das geschieht nur zum Besten der Aktionäre.
Wir sind wieder vor dem Ärgsten bewahrt worden.
Er beabsichtigte nicht im Entferntesten, Sie an seinen Geschäften zu beteiligen.
Die Eisenbahngeräusche stören mich nicht im Geringsten.
Sie konnte nie auch nur im Kleinsten nachgeben.
Der Dozent hat sich bis ins Kleinste vorbereitet.

Superlative, nach denen mit „Woran?“/„An was?“ und „Worauf?“/„Auf was?“ gefragt werden kann, sind großzuschreiben:
Woran fehlt es uns? – Uns fehlt es am/an dem Nötigsten.
Worauf sind wir angewiesen? – Wir sind aufs/auf das Beste angewiesen.
Aber Achtung! *Wie ist die neue Rechtschreibung geregelt? – Die neue Rechtschreibung ist aufs Beste/aufs beste geregelt.*

Groß oder klein? Oder beides? Setzen Sie die fehlenden Buchstaben ein!

[25] Aufgabe

Heinrich, der den Superlativ liebt, berichtet:
„Ich war aufs _ußerste gespannt, als ich – der aufs _öflichste formulierten Einladung folgend – das aufs _chönste geschmückte Haus betrat. Der Gastgeber begrüßte mich aufs _erzlichste, sodass ich ihm am _iebsten um den Hals gefallen wäre. Bescheiden lud er ein, mit dem fürlieb zu nehmen, was das Haus biete, denn leider fehle es am _ötigsten. Ich ließ mich von seinen Bemerkungen nicht im _eringsten stören, sondern widersprach ihm auf das _ntschiedenste; schließlich war alles aufs _este geregelt. Ich sagte ihm deshalb, er wisse doch selbst am _esten, dass man auf das _este angewiesen sei. Natürlich war er über meine Schmeicheleien aufs _öchste erfreut."

31. Substantive in mehrteiligen Fügungen

§

Stehen Substantive im Innern mehrteiliger Fügungen, die als Ganzes die Funktion eines Substantivs haben, dann werden sie großgeschrieben:

Alma Mater, Alter Ego, Corpus Delicti, Lapsus Linguae, Ultima Ratio, Corned Beef, Joint Venture, Small Talk, Short Story, Soft Drink.

Diese Regel gilt auch bei Bindestrich-Schreibungen, da bei mehrteiligen Fügungen, deren Teile mit Bindestrich verbunden sind, großgeschrieben werden: das erste Wort, der Infinitiv und die substantivischen Bestandteile. Dabei ist zuerst einmal an Fälle gedacht wie *es ist zum Auf-und-davon-Laufen, das In-den-Tag-hinein-Leben, das Kopf-an-Kopf-Rennen* oder *die Mund-zu-Mund-*

Beatmung. Sie gilt aber natürlich auch für Zusammensetzungen wie *Abendbrot-Kreation, Ball-Lokal, Blumentopf-Erde, Desktop-Publishing, Full-Time-Job, Kaffee-Ernte, Laut-Buchstaben-Zuordnung, Love-Story, Midlife-Crisis, Musiker-Leben, Sex-Appeal.*

Umgekehrt müssen Sie darauf achten, dass Sie nicht substantivische Bestandteile kleinschreiben:
Ad-hoc-Bildung, Black-out, Duty-free-Shop, das Entweder-oder, das Sowohl-als-auch, das Teils-teils, Make-up, Numerus clausus, Persona grata, Rooming-in, Tabula rasa.

[>] Interessieren Sie sich für die alternativen Schreibungen von *Sexappeal* und *Sex-Appeal* oder *Come-back* und *Comeback*, aber auch *Happyend* und *Happy End* oder *Smalltalk* und *Small Talk*, können Sie im Abschnitt 18 nachlesen.

Groß oder klein? Welche Alternative ist richtig? **26** Aufgabe

Heinrich hat lange an der Universität oder Alma M/mater (wie er sagen würde) verweilt. Mancher würde ihm vorwerfen, er habe das In-D/den-T/tag-/H/hinein-L/leben ziemlich ausgiebig genossen. Aber wer Heinrich so kommen will, der hat nicht mit dessen dialektischen Fähigkeiten gerechnet, mit all dem Entweder-O/oder, Teils-T/teils und Sowohl-A/als-A/auch, mit dem Heinrich einen zuschütten kann, bis man sich mit seinem Alter E/ego verwechselt. Ein Auf-U/und-D/davon-L/laufen nützt da nichts. Am besten dreht man den Spieß um und kontert mit Cash-F/flow, Midlife-C/crisis oder Sex-A/appeal. Und wirft man Heinrich dann noch als Ultima R/ratio das Wort „Rooming-I/in“ an den Kopf, dann bekommt er vielleicht einen Black-O/out und braucht eine geistige Mund-Z/zu-M/mund-B/beatmung. Wer aber glaubt, Heinrich würde danach zum Small T/talk übergehen, der hofft auf ein Happy E/end, das nie eintreffen wird.

32. Einige Einzelfälle

Dieser Abschnitt weicht in seinem Aufbau von dem sonst üblichen Schema ab. In ihm wird eine Reihe von Regelungen zur Groß- und Kleinschreibung aufgezählt, für die es sich nicht lohnt, eigene Rubriken anzulegen.

Mal gilt ab jetzt immer als Substantiv, das großzuschreiben ist. Das Plural-*e* ist (ebenso wie das Dativ-*e*) fakultativ:
das erste Mal, zum ersten/achten Mal(e), dieses Mal, einige Mal(e), etliche Mal(e), manches Mal, mehrere Mal(e), einige Millionen Mal(e), unendliche Mal(e), unzählige Mal(e), verschiedene Mal(e), viele Mal(e).
Aber wie bisher: *erstmals, einmal/achtmal, diesmal, manchmal, mehrmals, nochmals, vielmals.* Bei besonderer Betonung kann *Mal* in Verbindungen mit Zahlwörtern auch großgeschrieben werden: *nur ein Mal, höchstens acht Mal(e).*

Adverbien, Präpositionen und Konjunktionen auf *-s* und *-ens* wurden schon immer kleingeschrieben, zum Beispiel *abends, anfangs, willens, abseits (der Straße), mangels, mittels.* In diese Reihe gehören jetzt auch *hungers sterben, rechtens sein, etwas rechtens machen.*

Pronomen, auch wenn sie Substantive vertreten, werden wie bisher kleingeschrieben:
An der Rechtschreibung hat sich so mancher die Zähne ausgebissen. – Wenn einer eine Reise tut, kann er was erleben. – Man muss mit allem rechnen. – Man muss mit beiden reden.
Sind Possessivpronomen mit einem bestimmten Artikel verbunden, so können sie auch großgeschrieben werden:
Grüß mir die deinen/Deinen (die deinigen/Deinigen). – Wie jeder muss auch ich das meine/Meine (das meinige/Meinige) dazu bei-

tragen. – Jedem das seine/Seine (das seinige/Seinige). – An das eure/Eure (das eurige/Eurige) soll nicht gerührt werden.

Substantivierte Pronomen werden großgeschrieben, zum Beispiel: *auf Du und Du stehen; ein gewisses Etwas haben; Mein und Dein verwechseln; vor dem Nichts stehen.*

Kardinalzahlen unter einer Million werden kleingeschrieben. Das gilt jetzt auch für folgende Wendungen: *in die achtzig kommen, in null Komma nichts, auf null stehen, unter null sinken.*
Die Zahlwörter *hundert* und *tausend* können sowohl groß- als auch kleingeschrieben werden, wenn mit ihnen eine unbestimmte, nicht in Ziffern schreibbare Menge angegeben wird: *Viele Tausende/tausende stürmten durch den Park. – Mehrere Hundert/hundert Menschen versammelten sich vor dem Schloss. – Auf den Wiesen rasteten Tausende/tausende von Graugänsen. – Die Möwen bevölkerten zu Aberhunderten/aberhunderten die Klippen. – Der Beifall Zigtausender/zigtausender brandete auf.*
Entsprechendes gilt auch für *Dutzend:*
Die Rechtschreibung wurde in einigen Dutzend/dutzend Punkten verändert. – In Dutzenden/dutzenden von Fällen ist anders entschieden worden.

Substantivierte Adverbien, Präpositionen, Konjunktionen und Interjektionen werden großgeschrieben; in einigen Fällen ist jedoch die Kleinschreibung als Nebenvariante möglich: *Bitte sagen,* auch *bitte sagen; Hurra schreien,* auch *hurra schreien; Nein sagen,* auch *nein sagen; auf Nummer Sicher gehen,* auch *auf Nummer sicher gehen.*

Großgeschrieben werden nicht substantivische Wörter, wenn sie Anfangsteil eines zusammengesetzten Substantivs mit Bindestrich sind: *die Ad-hoc-Entscheidung, der Trimm-dich-Pfad, die S-Kurve, X-Beine.*

Abkürzungen, zitierte Wortformen und Einzelbuchstaben bleiben jedoch unverändert, in den folgenden Beispielen also klein: *die km-Zahl, der pH-Wert, der dass-Satz, die x-Achse.* Ausschließlich Kleinschreibung gilt jetzt auch für *der i-Punkt, das i-Tüpfelchen* (der Punkt oder das Tüpfelchen auf dem kleinen *i*).
In den folgenden Beispielen ist dagegen Groß- wie Kleinschreibung möglich: *X-beinig,* auch *x-beinig* (Beine wie ein großes *X* oder ein kleines *x*); *S-förmig,* auch *s-förmig; U-förmig;* auch *u-förmig, X-förmig,* auch *x-förmig* (von der Form eines großen *S, U, X* oder eines kleinen *s, u, x*).

14
Lösung

Verehrte Frau Meister, lieber Peter!

Ich muss es einfach mal aussprechen: Wenn ich an meine Freunde in Heidelberg schreibe, dann habe ich große Probleme mit der Anrede. Peter, da ich **d**eine liebe Frau noch nicht duze, sehe ich mich gezwungen zwischen **S**ie und **d**u hin- und herzuspringen. Aber wenn ich **S**ie, verehrte Frau Meister, und **d**ich, mein Peter, gemeinsam anreden möchte, weiß ich nie, ob ich **S**ie oder **e**uch verwenden soll. Denn „**I**hre Zeilen von **I**hrer Hochzeitsreise“ klingt mir zu distanziert, und bei „**e**ure Zeilen von **e**urer Hochzeitsreise“ weiß ich nicht, ob **I**hnen, Frau Meister, das nicht zu plump vorkommt.

Wenn das jetzt ein Fremder lesen könnte, würde der wohl bei sich denken: „Solche Nöte möchte ich haben!“ Aber Peter, **d**u weißt ja, wie pedantisch **d**ein alter Freund manchmal sein kann. Und **d**u wirst **d**ich bestimmt bei **d**einer Frau dafür verwenden, dass sie mich nicht für zu spinnert hält. Und liebe, verehrte Frau Meister: Darf ich an **S**ie appellieren, **I**hr Urteil erst dann endgültig zu fällen, wenn **S**ie mich ein wenig besser kennen gelernt haben?

Für den Augenblick wähle ich folgende Lösung: Wenn ich **e**uch beide meine, schreibe ich abwechselnd **i**hr und **S**ie. Ich hoffe, **e**uch gefällt diese Lösung. Schreiben **S**ie mir, was **S**ie davon halten. Oder noch besser, ich besuche **e**uch demnächst in **e**urem neuen Heim, und **S**ie und ich besprechen das bei einem guten Schoppen. Vielleicht lassen sich die Probleme so am besten lösen.

Bis dahin grüße ich recht herzlich nach Heidelberg als **I**hr respektive **d**ein

Heinrich Müller

15
Lösung

Lieber Theodor,

wie du dich sicher erinnerst, haben uns die Enkelkinder zur **g**oldenen Hochzeit eine Reise auf die **K**apverdischen Inseln geschenkt, wo uns Gott sei Dank der **w**eiße Tod nicht ereilen kann (bitte entschuldige den Kalauer). Wir sind am **H**eiligen Abend losgeflogen, und stell dir vor, wen wir auf dem Flugplatz getroffen haben, den **T**echnischen Direktor der XYZ-Werke, von dem du immer als **g**rauer Eminenz sprichst (Maria nennt ihn dagegen einen **s**chnellen Brüter). Wir fühlen uns hier ausgesprochen wohl, obwohl uns die **G**emeine Stubenfliege ganz gemein peinigt. Maria könnte sich bei der Jagd auf diese Plagegeister

glatt das **g**elbe Trikot verdienen. Ansonsten gehen wir es gemütlich an, Maria beschäftigt sich wie schon so oft mit Büchern über die **Ä**ltere Steinzeit, während ich den Geheimnissen des **g**oldenen Schnitts bei Dürer nachspüre.
Jetzt noch ein wenig Klatsch. Hast du auch schon gehört, dass der Meier zum **L**eitenden **A**kademischen Direktor ernannt worden ist? Hatte ich eine Wut!
Am liebsten hätte ich dem Wissenschaftsminister die **r**ote Karte gezeigt. Wenn ich könnte, würde ich ihn über die **G**roße Mauer stürzen oder im **S**tillen Ozean versenken. Wer wann befördert wird, das ist wirklich **h**öhere Mathematik!
Es grüßt dich ganz herzlich dein
Heinrich
PS: Im **n**euen Jahr werde ich meinen Frust mit **a**utogenem Training bekämpfen!

[16] Lösung

Von **a**ristotelischer Logik sind Diskussionen im Alltag selten beseelt, da sie eher Streitereien ähneln als der folgerichtigen Entwicklung von Positionen. Und doch treffen sie hin und wieder den **a**rchimedischen Punkt. Dies geschieht jedoch nicht immer zur Freude aller Beteiligten. Wer dann allerdings mit dem Hinweis auf eine **F**reud'sche Fehlleistung abzuwiegeln versucht, der sollte dies eher mit **e**ulenspiegelhaftem Unterton tun als mit **k**afkaesker Gebärde. Sonst wird noch behauptet, er rede **S**chweizer Käse. Wer dagegen über **L**uther'sche Wortgewalt gebietet, mag seinen Kontrahenten manches verbale **p**otemkinsche Dorf präsentieren.

[17] Lösung

Auch wenn du behauptest, keine **S**chuld zu tragen, bist du doch **s**chuld an dieser Katastrophe. Wir müssten keineswegs **p**leite sein, aber du hast schließlich verhindert, dass der rettende Vertrag zu **S**tande kommen konnte. Ich bin es **l**eid, dass du ständig **A**ngst davor hast, die nötigen Entscheidungen zu fällen. Mir kannst du in Zukunft mit deinen Bedenken nicht mehr **A**ngst und **B**ange machen, wiewohl einem bei deinen Spinnereien schon **a**ngst und **b**ange werden müsste. Aber du wirst auch nicht mehr von mir erwarten können, dass ich dich weiterhin **e**rnst nehme oder dich überhaupt noch zu **R**ate ziehe. Und unterstelle mir ja nicht, mir ginge es immer nur darum, **R**echt zu behalten. Dir das mit aller Deutlichkeit gesagt zu haben, darauf lege ich ausdrücklich **W**ert.

18 Lösung

Denkt Heinrich an die Neuregelung der Orthografie, kommt er leicht ins Grübeln: „Wenn ich in **B**etracht ziehe, dass in **H**insicht auf die neue Rechtschreibregelung zum Teil ganz falsche Vorstellungen herrschen, dann stehen mir die Haare zu **B**erge. Auf **G**rund (oder **a**ufgrund) vieler Tatarenmeldungen meinen manche, das Abendland gehe jetzt zu **G**runde (oder **zu**grunde).
Doch wer ein großes Ziel verfolgt, der darf die öffentliche Meinung im **G**runde nicht außer **A**cht lassen, muss aber in **K**auf nehmen, dass auf **S**eiten (oder **au**fseiten) schlecht Informierter manchmal das Augenmaß **a**bhanden kommt.
Doch lassen wir das Räsonieren **b**eiseite und zeigen wir stattdessen Optimismus: Mit **B**ezug auf die Akzeptanz der neuen Regeln erwarte ich, dass uns in **B**älde die ersten Erfahrungsberichte zu **H**ilfe kommen werden. Dann sind wir auch im **S**tande (oder **i**mstande) besser zu beurteilen, was sich zu **G**unsten (oder **zu**gunsten) und was sich zu **L**asten (oder **zu**lasten) der Schreibenden auswirkt."

19 Lösung

Wenn **Z**ahllose an einem Strang ziehen, dann erreichen sie in der Regel mehr als jeder **E**inzelne für sich allein. Doch stellt sich der **e**ine (auch: **E**ine) oder **an**dere (auch: **A**ndere) nicht in den Dienst des **G**anzen, kann ein Unternehmen gefährdet sein. Echte Quertreiber aber werden sich daraus nicht das **G**eringste machen und alles **W**eitere von sich abtropfen lassen. Dass **w**enige (auch: **W**enige) die **v**ielen (auch: **V**ielen) behindern, wird die **m**eisten (auch: **M**eisten) stören, und diese werden alles **M**ögliche unternehmen und **V**erschiedenes ausprobieren, um das Problem zu lösen. Sie werden unter **a**nderem (auch: **A**nderem) auch versuchen, die **E**inzelnen zur Zusammenarbeit zu bewegen. Die ganz Engagierten können über dieser Aufgabe alles **Ü**brige vergessen.

20 Lösung

Wenn Heinrich beim Arzt warten muss, dann beobachtet er immer scharf, als Wievielter er an der Reihe ist: „Noch bin ich **L**etzter, das bedeutet, ich bin als **F**ünfter dran. Doch was ist denn da los? Will doch die Frau dem Neuankömmling den Vortritt lassen! Weiß sie nicht, dass sie damit Rechte **D**ritter verletzt? Auf diese Weise kann ich ja nie **E**rster werden. Und mein Nachbar, der nervt: Wie der vom **H**undertsten ins **T**ausendste kommt. Der schwätzt wie kein **Z**weiter.

Fürs **E**rste will ich versuchen, einfach wegzuhören. Vielleicht wäre es eine gute Lösung, wenn nur jeder **Z**weite aufgerufen würde. Aber dann müsste ich es einrichten, dass ich als **D**ritter oder **F**ünfter das Wartezimmer betrete. Und was ist, wenn die Sprechstundenhilfe nicht mit dem **E**rsten beginnt, sondern mit dem **Z**weiten? Dann müsste ich der **Z**weite oder **V**ierte sein – so ein Quatsch. Hauptsache, ich bin gleich dran, alles Übrige interessiert doch nicht. Ah, da ist ja die Sprechstundenhilfe: Der **N**ächste, bitte. Das bin ich. Gott sei Dank. Was für eine Karriere, vom **L**etzten zum **E**rsten zu werden."

[21] Lösung

Heinrich zieht mit Theodor durch **d**ick und **d**ünn, weil er sein **M**öglichstes tun will, seinen Freund vor dem **Ä**rgsten zu bewahren. Natürlich ist er sich darüber im **K**laren, dass es das **S**icherste wäre, sein Freund würde auf unüberlegte Abenteuer verzichten. Das hat er Theodor auch des **L**angen und **B**reiten erläutert, obwohl er sich darüber im **K**laren war, dass der sich nicht im **G**eringsten durch diese Ausführungen stören lassen würde. Theodor gehört nun mal zu den unbesonnenen Menschen, die riskieren, im **D**unkeln zu tappen, anstatt etwas bis ins **K**leinste vorzubereiten. Lieber sitzt er auf dem **T**rockenen und zieht dabei auch noch den **K**ürzeren. Der Gedanke, etwas könnte im **V**oraus bis ins **E**inzelne geregelt sein, macht ihm Angst. Zwar hat er schon des **Ö**fteren eingeräumt, es wäre sicherlich das **K**lügste, den Ratschlägen Heinrichs zu folgen. Aber bis auf **w**eiteres/**W**eiteres sei es ihm am **l**iebsten, wie bisher weiterzumachen. Als Zugeständnis sagte er zu, Heinrich über seine Pläne auf dem **L**aufenden zu halten. Und deshalb hält Heinrich auch weiterhin im **B**ösen wie im **G**uten zu Theodor.

[22] Lösung

Heinrich plant eine Party, zu der er schriftlich einlädt. Doch da er etwas altmodisch ist, spricht er nicht von Kids und Gruftis ...
„Heinrich Müller würde sich freuen, mit **J**ung und **A**lt ein rauschendes Fest zu feiern. Er will zwischen seinen Gästen keine Unterschiede machen: Deshalb sind geladen **H**och und **N**iedrig wie **A**rm und **R**eich. Auch Unverheiratete sind herzlich willkommen, denn **G**leich und **G**leich gesellt sich gern. Wenn Heinrich

schon nicht aus **S**chwarz **W**eiß machen kann, so will er wenigstens versuchen, aus **A**lt **N**eu zu machen, um **G**roß und **K**lein zu erfreuen."

Obwohl die Dolmetscherin ganz gut **S**panisch spricht, fehlen ihr dennoch manchmal Fachtermini auf **S**panisch. Daneben beherrscht sie noch **G**riechisch und **P**ortugiesisch. Am besten drückt sie sich aber in **D**eutsch aus, während sie im **N**iederländischen so manchen Fehler macht. Schriftlich beherrscht sie **D**eutsch besonders gut, zumal sie die Rechtschreibregeln im **D**eutschen bestens kennt. So weiß sie auch, wie man die Farbbezeichnungen in den folgenden Sätzen schreibt: „Wir bieten Ihnen die Stoffe in allen Farben an: in **G**rün, in **R**ot, in **B**lau usw. Alle Farbtöne sind lieferbar, lediglich bei **G**rün können kleine Verzögerungen eintreten." **23** Lösung

Heinrich, das Organisationsgenie, verabredet das nächste Treffen: **24** Lösung
„Wir haben zwei Möglichkeiten: Entweder treffen wir uns heute **A**bend oder übermorgen **M**ittag. Notfalls ginge es auch morgen **f**rüh/**F**rüh. Aber bitte sorge dafür, dass es nicht wieder wie vorgestern **N**achmittag wird; vor allem will ich deine Entschuldigung von heute **M**orgen, wir hätten uns auf gestern **N**acht verabredet, nicht noch einmal hören."

Heinrich, der den Superlativ liebt, berichtet: **25** Lösung
„Ich war aufs **Ä/ä**ußerste gespannt, als ich – der aufs **H/h**öflichste formulierten Einladung folgend – das aufs **S/s**chönste geschmückte Haus betrat. Der Gastgeber begrüßte mich aufs **H/h**erzlichste, sodass ich ihm am **l**iebsten um den Hals gefallen wäre. Bescheiden lud er ein, mit dem fürlieb zu nehmen, was das Haus biete, denn leider fehle es am **N**ötigsten. Ich ließ mich von seinen Bemerkungen nicht im **G**eringsten stören, sondern widersprach ihm auf das **E/e**ntschiedenste; schließlich war alles aufs **B/b**este geregelt. Ich sagte ihm deshalb, er wisse doch selbst am **b**esten, dass man auf das **B**este angewiesen sei. Natürlich war er über meine Schmeicheleien aufs **H/h**öchste erfreut."

26 Lösung

Heinrich hat lange an der Universität oder Alma **M**ater (wie er sagen würde) verweilt. Mancher würde ihm vorwerfen, er habe das In-**d**en-**T**ag-**h**inein-**L**eben ziemlich ausgiebig genossen. Aber wer Heinrich so kommen will, der hat nicht mit dessen dialektischen Fähigkeiten gerechnet, mit all dem Entweder-**o**der, Teils-**t**eils und Sowohl-**a**ls-**a**uch, mit dem Heinrich einen zuschütten kann, bis man sich mit seinem Alter **E**go verwechselt. Ein Auf-**u**nd-**d**avon-**L**aufen nützt da nichts. Am besten dreht man den Spieß um und kontert mit Cash-**F**low, Midlife-**C**risis oder Sex-**A**ppeal. Und wirft man Heinrich dann noch als Ultima **R**atio das Wort „Rooming-**in**" an den Kopf, dann bekommt er vielleicht einen Black-**o**ut und braucht eine geistige Mund-**zu**-**M**und-**B**eatmung. Wer aber glaubt, Heinrich würde danach zum Small **T**alk übergehen, der hofft auf ein Happy **E**nd, das nie eintreffen wird.

[D] Test

Entscheiden Sie sich jeweils für die Groß- oder Kleinschreibung!

Kaspar Hauser

Am Pfingstmontag des Jahres 1828 geschah in Nürnberg etwas Unerhörtes. Gegen fünf Uhr N/nachmittags .... sah ein N/nürnberger .... Bürger einen Sechzehnjährigen auf der Straße stehen, der durch seine eigenartige gekrümmte Körperhaltung und unbeholfene Gehversuche auffiel. Der Mann tat alles M/mögliche .... um mit dem Jungen Kontakt aufzunehmen. Er sprach zunächst D/deutsch .... mit ihm und redete ihn dann auf F/französisch .... an, aber außer unverständlichen Sprachlauten war dem Unbeholfenen nichts zu entlocken.

Allerdings hielt der Knabe einen Brief in den Händen. Aufs Ä/äußerste .... gespannt griff der Bürger nach dem Umschlag und brachte den Fremden als N/nächstes .... zu der angegebenen Anschrift: dem Haus eines N/nürnbergischen .... Rittmeisters. Dort angekommen versuchte man aufs N/neue .... , etwas aus ihm herauszubekommen. Wiederum war er jedoch außer (S/s)tande/außerstande .... sich verständlich zu machen. Er nahm fürs E/erste .... etwas Brot und Wasser zu sich und fiel in einen tiefen Schlaf. Der Rittmeister entschied am Dienstag (M/m)orgen/Dienstagmorgen .... schließlich F/folgendes .... : „Es tut mir L/leid .... , dass ich dem Jungen gestern A/abend .... nicht helfen konnte, aber ich bin nicht S/schuld .... an seinem Schicksal. Um alles Ü/übrige .... muss sich die Polizei kümmern.“

Also brachte man ihn zur Polizei, wo man ebenfalls keinen Rat wusste, da auch der Brief die Herkunft des Findlings im D/dunkeln .... ließ. Als man ihm aber eine Feder gab, schrieb er zum Erstaunen der Anwesenden seinen Namen: Kaspar Hauser.

Als ihn ein zu (R/r)ate/zurate .... gezogener Arzt aufs

E/eingehendste .... untersuchte, stellte dieser fest, dass Kaspar im G/großen .... und G/ganzen .... gesund war, jedoch an einer auffälligen Fehlbildung seiner Kniegelenke litt. Was dem Jungen Unglaubliches zugestoßen war, sollte man jedoch erst viel später erfahren. Zunächst war man sich noch nicht einmal im K/klaren .... darüber, ob man ihn für einen Betrüger halten sollte, der die Gutmütigen nur zum B/besten .... hielt, oder für einen Besessenen, der die S/schwarze .... Magie beherrschte. So M/mancher .... meinte sogar, man dürfe auf (G/g)rund/aufgrund .... seiner seltsamen Erscheinung auch die Möglichkeit nicht außer A/acht .... lassen, dass er von einem fremden Planeten komme. Wer von all den Klugen R/recht .... behalten sollte, das war die Frage, die G/groß .... und K/klein .... brennend interessierte. Natürlich dauerte es nicht lange, bis sich H/hunderte .... Neugierige von N/nah .... und F/fern .... einfanden, um Kaspar zum ersten M/mal .... zu bestaunen. Dabei wurde er von A/alt .... und J/jung .... gleichermaßen als Wilder betrachtet, den man zähmen musste. Die M/meisten .... ließen jedes Mitgefühl vermissen und man zeigte ihm des Ö/öfteren .... Dinge, die ihm A/angst .... machten oder ihn gar aufs Ä/ärgste .... erschreckten.
Um nicht länger im D/dunkeln .... zu tappen, kümmerten sich schließlich ein Professor und der E/erste .... Bürgermeister der Stadt Nürnberg um Kaspar. Die B/beiden .... waren die E/ersten .... und blieben die E/einzigen .... , die etwas Näheres vom Leid des Hilflosen erfuhren, der sein Leben von K/klein .... auf in einem Loch zubringen musste. Manches A/andere .... über den Menschen Kaspar Hauser blieb jedoch bis heute im U/unklaren .... Es spricht aber V/vieles .... dafür, dass er ein B/badischer .... Prinz war, der wegen Streitigkeiten um die Thronfolge elend zu (G/g)runde/zugrunde .... ging.

E. Zeichensetzung

Mit den Satzzeichen grenzen Sie die Sätze voneinander ab und gliedern sie intern. Sie schaffen mit ihrer Hilfe also Ordnung, die dem Lesenden die Orientierung und damit das Verstehen Ihres Textes erleichtert.

Auf Erleichterung zielt auch die Neuregelung der Zeichensetzung, jedoch nicht für Ihre Leserinnen und Leser, sondern für Sie selbst. Die wenigen Änderungen betreffen in der Hauptsache das Komma bei *und* und bei Infinitiv- und Partizipgruppen – Bereiche, die bisher voller Fußangeln steckten.

Wer sagt, das Komma sei in diesen Fällen abgeschafft worden, der hat in gewisser Weise Recht. Aber es ist besser zu sagen, dass Ihnen mehr Freiheit bei der Verwendung des Kommas eingeräumt wird. Es wird Ihnen nicht mehr vorgeschrieben „Hier muss ein Komma stehen, hier darf kein Komma stehen", sondern es bleibt in Ihr Ermessen gestellt, ob Sie ein Komma setzen wollen oder nicht.

Das heißt aber nicht, dass Sie jetzt die Kommas beliebig über Ihre Sätze streuen können, ganz im Gegenteil. Sie sollen sich bei Ihren Entscheidungen ganz konkret an den Bedürfnissen Ihrer Leserinnen und Leser orientieren. Wann immer Sie denken, dass ein Komma die Übersichtlichkeit eines Satzes und damit seine Verständlichkeit fördert, sollten Sie es setzen.
Sie sehen: Mehr Freiheit bedeutet auch mehr Verantwortung.

Wegen des geringen Kapitelumfangs und der überwiegend freigestellten Kommasetzung lohnen Anwendungsübungen zur Zeichensetzung nicht. Den zusammenfassenden Test finden Sie wie gewohnt am Kapitelende.

33. Kein Komma bei und

§

Sind gleichrangige Teilsätze, Wortgruppen oder Wörter durch Konjunktionen verbunden, so steht kein Komma.

Zu den Konjunktionen gehören neben *und* noch *oder, beziehungsweise/bzw., sowie, wie, entweder ... oder, nicht ... noch, sowohl ... als (auch), sowohl ... wie (auch).*
Diese Regel haben Sie schon immer befolgt und sie hat Ihnen keine Probleme bereitet. Entweder Sie haben die einzige Ausnahme zu dieser Regel einigermaßen im Griff gehabt oder Sie haben sich um sie einfach nicht gekümmert. Doch wie war das eigentlich mit der Ausnahme? Richtig: Zwei mit *und* verbundene vollständige Hauptsätze waren durch ein Komma zu trennen. Jetzt brauchen Sie keinen Gedanken mehr darauf zu verschwenden, ob Sie es mit zwei durch *und* verbundenen Hauptsätzen oder zwei Nebensätzen zu tun haben.

[!] Mit dieser Regel wird Ihnen aber nicht schlichtweg verboten ein Komma vor **und** zu setzen. Schließlich dient dieses Satzzeichen dazu, Ordnung und Übersicht im Satz zu schaffen, und falls Sie der Meinung sind, es fördere die Lesbarkeit, wenn Sie zwischen zwei mit **und** verbundenen Sätzen ein Komma setzen, dann ist Ihnen das selbstverständlich erlaubt. Sie selbst entscheiden also, ob Sie ein Komma setzen wollen. Schätzen Sie die folgenden Sätze als ausreichend übersichtlich ein, verzichten Sie auf das Komma:
Johanna spielte auf dem Klavier und Johannes sang dazu.
Die Katze miaute und der Hund bellte.

Sind Sie jedoch der Ansicht, eine Verdeutlichung der Satzstruktur sei angebracht, dann setzen Sie eins:
Johanna spielte auf dem Klavier, und Johannes sang dazu.
Die Katze miaute, und der Hund bellte.

Um Missverständnisse zu vermeiden ist in den folgenden Beispielen auf jeden Fall ein Komma angebracht:
Er traf sich mit meiner Schwester, und deren Freundin war mitgekommen.
Peter arbeitete hart in der Werkstatt, und zusammen mit seinen Kollegen besuchte er Diskotheken, wenn er Feierabend hatte.

Lassen Sie sich jedoch nicht von Sätzen verwirren, in denen obligatorisch vor *und* ein Komma steht. In den beiden folgenden Beispielen steht vor *und* ein Komma, weil ein eingeschobener Nebensatz auch weiterhin in Kommas eingeschlossen werden muss:
Er behauptete, dass sich die Sonne um die Erde drehe, und ließ sich durch nichts von dieser Meinung abbringen.
Regula, die eine große Musikliebhaberin ist, und ihr Cello trennen sich nie.

Noch ein Wort zu den entgegenstellenden Konjunktionen wie *aber, doch, jedoch, sondern.* Vor ihnen steht nicht nur ein Komma, wenn sie gleichrangige Teilsätze verbinden, sondern auch gleichrangige Wörter oder Wortgruppen. Doch das galt ja auch bisher schon:
Regula spielt Cello, aber Maja und Verena spielen Klavier.
Ein vorzügliches, jedoch preiswertes Essen wurde im Pilgerzelt serviert.
Sie agiert nicht nur mit gebremstem Temperament, sondern auch mit mäßiger Konzentration.

34. Das Komma bei Infinitiv- und Partizipgruppen

§

Bei Infinitiv- und Partizipgruppen muss kein Komma gesetzt werden. Es kann jedoch ein Komma stehen, wenn die Gliederung des ganzen Satzes verdeutlicht oder Missverständnisse ausgeschlossen werden sollen.

Diese Regelung bedeutet eine große Erleichterung, denn sie entspricht einer bereits seit Langem geübten Praxis. Schon bisher haben viele die Infinitiv- und Partizipgruppen nicht mit Komma abgetrennt. Alle Feinheiten, die in diesem Bereich zu beachten waren, haben sowieso nur die wahren Komma-Experten beherrscht.

Jetzt können Sie jedoch Ihre Aufmerksamkeit ganz der Frage zuwenden: „Ist mein Satz übersichtlich genug, oder sollte ich nicht besser ein Komma setzen?“ Anstatt an die Grammatik denken Sie jetzt an Ihre Leser, und die Entscheidung „Komma oder nicht?“ hängt nicht mehr von abstrakten Regeln ab, sondern von der konkreten Frage, was die Verständlichkeit der Sätze fördert und den Lesern die Lektüre erleichtert.

Sie können also jede Infinitiv- und Partizipgruppe mit einem Komma abtrennen, wenn Sie es für sinnvoll erachten, zum Beispiel:
Regula ist bereit, den im Salon Versammelten einige Stücke auf dem Cello vorzuspielen.
Etwas Lustigeres, als Maja und Verena vierhändig Klavier spielen zu sehen und zu hören, gibt es kaum.
An schönen Tagen auf den Wegen und Pfaden des Palastgartens zu spazieren, ist für viele Trierer, aber auch für Touristen ein Genuss.
Mit Wanderkarte, Kompass und wetterfester Kleidung aufs Beste ausgerüstet, starteten sie in die Berge.
Regulas Fortschritte auf dem Cello in den höchsten Tönen bewundernd, baten die Versammelten um einige Zugaben.

Maja ist im Augenblick, sich wieder intensiver ihrem Klavierspiel zuwendend, nur dazu bereit, im kleinen Kreis aufzutreten.

Auf jeden Fall sollten Sie ein Komma setzen, wenn Unklarheiten oder gar Missverständnisse drohen:
Verena plant dieses Jahr, einen Modellierkurs in der Europäischen Akademie zu besuchen. Oder: *Verena plant, dieses Jahr einen Modellierkurs in der Europäischen Akademie zu besuchen.*
Regula verspricht, ihren Schwestern Ansichtskarten aus den Ferien zu schreiben. Oder: *Regula verspricht ihren Schwestern, Ansichtskarten aus den Ferien zu schreiben.*

[!] So ganz ohne Ausnahme geht es aber auch bei der Neuregelung nicht. So müssen Sie ein Komma setzen,

- wenn die Infinitiv- oder Partizipgruppe durch ein hinweisendes Wort angekündigt wird, zum Beispiel:
  Daran, die Rechtschreibung neu zu regeln, ist lange gearbeitet worden. Und: **Es ist lange daran gearbeitet worden, die Rechtschreibung neu zu regeln.**
  Es ist von großem Vorteil, mit der Bahn zu fahren. Und: **Dies, mit der Bahn zu fahren, ist von großem Vorteil.**
- wenn die Infinitiv- oder Partizipgruppe durch ein hinweisendes Wort wieder aufgenommen wird, zum Beispiel:
  Mit der Bahn zu reisen, daran hatten wir auch schon gedacht.
  Durch Hunderte von Kanälen zu zappen, das war schon immer mein Herzenswunsch.
  Wild mit dem PC kämpfend, so habe ich ihn kennen gelernt.
  Von einem trockenen Riesling belebt, so steigt er gerne in Diskussionen ein.
- wenn die Infinitiv- oder Partizipgruppe nachgetragen wird, sodass sie aus der Satzkonstruktion herausfällt. Dies trifft vor allem auf Infinitivgruppen zu, die zwischen Subjekt und Prädikat des übergeordneten Hauptsatzes eingeschoben sind:

Die Weinfreunde, ohne sich zu besinnen, nahmen die Einladung zu einem Besuch der bischöflichen Weingüter an.
Die Urlauber, die Sonne in vollen Zügen genießend, bekamen alle einen Sonnenbrand.
Der Abenteurer, vom Gedanken an unermesslichen Reichtum besessen, drang immer weiter in die Wildnis vor.
Der Künstler betrachtete sein Werk, die Tränen unterdrückend.

Ansonsten bleibt es Ihnen überlassen, ob Sie eine Infinitiv- oder Partizipgruppe ausdrücklich mit Komma als Nachtrag oder Zusatz kennzeichnen wollen oder nicht. Sie haben die Wahl:
Die Weinfreunde nahmen die Einladung zum Besuch der bischöflichen Weingüter, ohne sich zu besinnen, an.
Oder: **Die Weinfreunde nahmen die Einladung zum Besuch der bischöflichen Weingüter ohne sich zu besinnen an.**
Der Abenteurer drang, vom Gedanken an unermesslichen Reichtum besessen, immer weiter in die Wildnis vor.
Oder: **Der Abenteurer drang vom Gedanken an unermesslichen Reichtum besessen immer weiter in die Wildnis vor.**
Der Künstler betrachtete, die Tränen unterdrückend, sein Werk.
Oder: **Der Künstler betrachtete die Tränen unterdrückend sein Werk.**

Ein Komma müssen Sie im Übrigen auch setzen, wenn eine Wortgruppe ohne Infinitiv oder Partizip durch ein hinweisendes Wort angekündigt oder wieder aufgenommen wird und wenn sie nachgetragen wird:
So beschenkt, die Pakete unter dem Arm, verließen sie die Feier.
Der Superschlaue, der weiß alles ganz genau.
Der Gewinner, ganz außer sich vor Freude, lief eine Ehrenrunde.
Der Gewinner lief eine Ehrenrunde, ganz außer sich vor Freude.

35. Die Kombination von Anführungszeichen und Komma

§

Folgt nach einem Satz in Anführungszeichen ein Begleit- oder Kommentarsatz, so steht nach dem abschließenden Anführungszeichen ein Komma.

Diese Bestimmung bringt nur wenige Veränderungen mit sich, da Sie das Komma in Fällen wie den folgenden schon immer gesetzt haben:

„Die Millionenerpresser werden bald gefasst sein", behauptete der Kommentator.

„Wer das glaubt, wird selig", brummelte der Skeptiker.

Jetzt setzen Sie, anders als bisher, auch ein Komma, wenn vor dem abschließenden Anführungszeichen ein Frage- oder Ausrufezeichen steht:

„Bist du auch dieser Meinung?", fragte er.

„Halte dich gerade!", rief die besorgte Mutter.

Das gilt ebenfalls, wenn der Begleit- oder Kommentarsatz das Zitat einschließt, und zwar gleichgültig, ob das Zitat ein Satzzeichen enthält oder nicht:

Der Beobachter meinte: „Der Wahlausgang ist bedenklich", und schüttelte den Kopf.

Der Richter fragte: „Haben Sie wirklich nichts bemerkt?", und spielte dabei mit dem Bleistift.

Der Vater befahl: „Kommt mit!", und raffte seine Siebensachen zusammen.

Insgesamt bedeutet die neue Praxis eine Vereinfachung für Sie, da Sie jetzt konsequent immer ein Komma nach einem Satz in Anführungszeichen setzen. Sie brauchen also nicht mehr zu überlegen: „Steht da nun ein Komma oder nicht?"

[E] Test

Setzen Sie die fehlenden Kommas. Beachten Sie dabei, dass Sie an einigen Stellen ein Komma setzen *müssen,* an anderen hingegen eines setzen *können,* wenn Sie es für angebracht halten.

„Warum reden nur alle vom Fußball?“ brummelte Heinrich gelegentlich, wenn er mit seinen Freunden beim Bier zusammensaß. Diese wussten, dass er zu derjenigen Spezies gehört, die ohne Rücksichtnahme zu zeigen von ihren Mitmenschen verlangen, dass sie so leben wie sie selbst. Heinrich machte auch kein Hehl daraus, dass sich die Menschen an ihn anzupassen hatten und er vertrat seine Meinung recht offensiv. „Überlegt doch mal!“ pflegte er seine Freunde aufzufordern. „Die so genannten Sportfreunde ohne sich darüber Rechenschaft abzulegen vergeuden wertvolle Lebenszeit mit Banalitäten. Ödes Ballgekicke zu verfolgen darin sollte niemand sein Vergnügen finden.“ Doch seine Freunde, die diese Tiraden kannten, ignorierten sie meist und nur manchmal reagierte der eine oder andere lakonisch: „Daran die Menschheit zu vervollkommnen wirst auch du scheitern, Heinrich.“ Oder: „Die Menschen nach seinem Ebenbild formen kann nur Gott und der bist du bestimmt nicht.“ Dann gab Heinrich ohne sich zu besinnen zur Antwort: „Ich habe schon intelligentere Bemerkungen gehört und außerdem ist das kein Argument dafür mich mit eurem Gerede über Fußball zu belästigen.“ Nach einem solchen Geplänkel hoben Heinrich, mit dem sich trotz seiner Eigenheiten gut auskommen ließ und seine Freunde die Gläser und prosteten sich zu.

→ F. Worttrennung am Zeilenende

Wenn Sie Wörter am Zeilenende trennen müssen, dann setzen Sie den Trennstrich zwischen den Sprechsilben. Das heißt, Sie folgen den Silben, die sich beim langsamen Aussprechen eines Wortes ergeben. An diesem Prinzip hat sich nichts geändert, im Gegenteil, es ist jetzt noch konsequenter zu handhaben. Denn eine Reihe von Einzelfestlegungen, die der generellen Regelung widersprachen, ist abgeschafft worden.

Prominentestes Opfer der Neuregelung ist das Trennungsverbot von *st*. Andere Ausnahmen sind an die allgemeine Grundregel angepasst, wobei die bisherigen Trennungen teilweise weiterhin gültig sind. Das betrifft vor allem zusammengesetzte Wörter aus dem Lateinischen und Griechischen, deren einzelne Bestandteile viele von uns nicht erkennen. Deshalb bringt Ihnen die nun auch hier erlaubte Orientierung an den Sprechsilben eine Erleichterung. So können Sie jetzt getrost *Helikop-ter* trennen, weiterhin zugelassen ist aber auch der nach Sprachsilben getrennte *Heliko-pter.*

Insgesamt zielt die Neuregelung der Worttrennung auf Vereinheitlichung und Vereinfachung, in manchen Punkten auch auf Liberalisierung. Besonders für diejenigen, die mit dem PC schreiben und dabei mit einem unzulänglichen Trennprogramm zu kämpfen haben, verringert sich das Störpotenzial.

36. Trennung von st

§

Die Buchstabenverbindung st wird getrennt.

Was Generationen von Abc-Schützen haben mühsam lernen müssen, gilt nicht mehr. Ab sofort trennen Sie jetzt auch zwischen *s* und *t*, also *s-t*, entsprechend der Regel: Stehen mehrere Konsonantbuchstaben hintereinander, dann kommt der letzte in der Reihe auf die neue Zeile. Kein neues Prinzip, denn so haben Sie schon immer getrennt: *Ach-tel, Drit-tel, El-tern, Hop-fen, Karp-fen, leug-nen, mod-rig, Schim-mel, schimp-fen, schlüpf-rig, sin-gen, sin-ken, sit-zen.* Deshalb hat uns die Ausnahme beim *st* auch nie einleuchten wollen. Wandeln Sie also ruhig den alten Merkspruch ab, auch wenn er dann etwas holpert: Trenne nun *st*, denn es tut ihm nicht mehr weh. Endlich wird *Wes-te* wie *Wes-pe* getrennt. Ab sofort trennen Sie also im Einklang mit den Sprechsilben: *Fens-ter, gars-tig, Kas-ten, ros-ten, sechs-te.*

Vielleicht interessiert es Sie, wie es zu der Ausnahme kam? Das hängt vermutlich damit zusammen, dass die Drucker für besonders häufige Buchstabenkombinationen Ligaturen benutzten. Ligaturen sind Buchstabenverbindungen, die auf einen Kegel gegossen sind, und zu diesen gehörte auch die Kombination von scharfem, lang gezogenem ſ und t. Aus dieser Druckerpraxis hat sich dann das Trennungsverbot entwickelt. Im Übrigen basiert unser *ß* ebenfalls auf einer Ligatur, nämlich der aus scharfem ſ und ʒ.

[›] Wenn eben behauptet wurde, dass nur *st* nicht entsprechend der allgemeinen Trennregel behandelt wurde, dann stimmt das nicht ganz. Auf einige andere Fälle, in denen ebenfalls abweichend getrennt werden musste, stoßen Sie in Abschnitt 38.

37. Keine Trennung von ck

§

Die Buchstabenverbindung ck wird nicht mehr getrennt.

Wenn Sie *ck* trennen mussten, haben Sie es bislang in *k-k* aufgelöst. Doch vermutlich kamen Sie nicht allzu oft in diese Verlegenheit und insofern war die Trennung von *ck* auch kein größeres Problem. Die Neuregelung, *ck* als Buchstabenverbindung zu betrachten und dementsprechend nicht mehr zu trennen, kann mittlerweile jedoch sehr wohl eine Erleichterung beim Schreiben darstellen. Wenn Sie nämlich auf dem PC schreiben und Ihr Schreibprogramm über keine exzellente maschinelle Silbentrennung verfügt, dann müssen Sie mühsam „per Hand" *ck* in *k-k* verwandeln, und wenn sich im Nachhinein der Zeilenumbruch verändert, *ck* also nicht mehr getrennt wird, dann müssen Sie die Schreibung *k-k* wieder rückgängig machen. Ab jetzt trennen Sie problemlos:
Ba-cke, De-ckel, ki-cken, le-cker, tro-cken, Zu-cker.

ck wird jetzt nicht mehr anders behandelt als andere Buchstabenverbindungen auch, die für einen Konsonanten stehen, zum Beispiel:
ch in *la-chen, krie-chen, kro-chen, Dä-cher, Lö-cher, Lär-che;*
sch in *Du-sche, wa-schen, wi-schen, Deut-sche;*
ph in *Sa-phir, Ste-phan;*
th in *Zi-ther, Goe-the, Apo-theke.*

38. Trennung von Buchstabenverbindungen aus Konsonant + l, n oder r in Fremdwörtern

§

In Fremdwörtern werden Buchstabenverbindungen aus Konsonant + l, n oder r entweder vor dem letzten Konsonanten getrennt oder sie kommen ungetrennt auf die neue Zeile.

Auch wenn wir diese Regel nicht immer beachtet haben, so durften wir die Verbindungen von Konsonant + *l, n* oder *r* in Fremdwörtern eigentlich nie trennen. Falls Sie sich bisher nicht hundertprozentig an diese Bestimmung gehalten haben, dann können Sie beruhigt so weitermachen. Denn was bislang ein Fehler war, ist jetzt in Ordnung. Aber auch wenn Sie schon immer gemäß der Regel getrennt haben, brauchen Sie Ihre Praxis nicht zu ändern, da die bis jetzt gültige Trennung weiterhin zulässig ist:
Arth-ritis oder *Ar-thritis, Feb-ruar* oder *Fe-bruar, Hyd-rant* oder *Hy-drant, Zit-rone* oder *Zi-trone, Mag-net* oder *Ma-gnet, möb-liert* oder *mö-bliert, nob-le Herberge* oder *no-ble Herberge, pyk-nisch* oder *py-knisch, Quad-rat* oder *Qua-drat, Sig-nal* oder *Si-gnal, Zyk-lus* oder *Zy-klus.*

In das Deutsche wurden und werden viele Wörter aus anderen Sprachen übernommen. Dadurch gelangen nicht nur spezielle Buchstabenverbindungen in unsere Sprache wie zum Beispiel *zz* in *Jazz,* sondern manchmal sogar besondere Trennungsregeln. So galt das nun aufgehobene „Trennungsverbot“ schon in den Herkunftssprachen!

[›] Mit diesen Konsonantverbindungen verhielt es sich so ähnlich wie mit dem *st*. Doch wie Sie dem Abschnitt 36 entnehmen können, haben Sie beim *st* keine Trennalternative, sondern Sie trennen jetzt ausschließlich *s-t*.

39. Trennung von ursprünglich zusammengesetzten Wörtern

§

Wörter, die ursprünglich Zusammensetzungen sind, aber oft nicht mehr als solche empfunden oder erkannt werden, können wie einfache Wörter getrennt werden.

Auch diese Regelung eröffnet Ihnen Spielräume, da Sie den bisher geltenden Vorschriften auch weiterhin folgen können. Was bis jetzt richtig war, wird nicht einfach falsch. Wer also schon immer *Heliko-pter* getrennt hat, der kann bei dieser Trennung bleiben. Jetzt ist aber auch *Helikop-ter* erlaubt.

Das bedeutet vor allem eine Erleichterung bei Wörtern, die aus dem Lateinischen oder Griechischen stammen:
Chry-san-the-me oder *Chrys-an-the-me, Chi-rurg* oder *Chir-urg, Hek-tar* oder *Hekt-ar, in-te-res-sant* oder *in-ter-es-sant, Li-no-le-um* oder *Lin-o-le-um, Mo-narch* oder *Mon-arch, Nos-tal-gie* oder *Nost-al-gie, Pä-da-go-gik* oder *Päd-ago-gik, pa-ral-lel* oder *par-al-lel.*
Erleichtert wird Ihnen die Trennung aber auch bei deutschen Wörtern, die ursprünglich Zusammensetzungen sind. Auch bei ihnen orientieren Sie sich jetzt einfach an den Sprechsilben:
hi-nauf oder *hin-auf, he-ran* oder *her-an, da-rum* oder *dar-um, wa-rum* oder *war-um, ei-nan-der* oder *ein-an-der, Liebe-nau* oder *Lieben-au.*

40. Abtrennung einzelner Vokalbuchstaben

§

Ein einzelner Vokalbuchstabe am Wortanfang oder im Wortinnern darf abgetrennt werden.

Die Trennung *U-fer* oder *o-der* resultiert aus einer allgemeinen Regel. Nach dieser Regel rückt in einfachen Wörtern ein einzelner Konsonantbuchstabe, der zwischen zwei Vokalbuchstaben steht, bei Trennung auf die neue Zeile. Auch das frühere Verbot, Einzelvokale in der Wortmitte abzutrennen, wurde aufgehoben, um in jedem Fall eine konsequente Trennung nach Sprechsilben zu ermöglichen:
A-bend, a-ber, A-del, Brau-e-rei, E-ber, E-he, e-kel, E-rich, I-gel, I-ris, i-risch, o-der, O-pa, O-per, po-e-tisch, Ru-i-ne, The-a-ter, ü-ben, ü-ber, U-do, U-fer.

Vergleichbare Trennungen bei Diphthongen (Doppellauten) am Wortanfang waren schon immer möglich: *Au-ge, Ei-sen, eu-re.*

Verwirrende und lesehemmende Trennungen sollten Sie nach Möglichkeit jedoch vermeiden; ein Grundsatz, der generell gilt und nicht nur für die Abtrennung einzelner Vokalbuchstaben. Trennen Sie also nicht *Seei-gel*, sondern *See-igel*, nicht *Seeu-fer*, sondern *See-ufer*, nicht *Altbauer-haltung*, sondern *Altbau-erhaltung*.

[F] Test

Übertragen Sie bitte den auf der nächsten Seite folgenden Kurztext in das dafür vorgesehene Leerkästchen-Raster. Beachten Sie dabei bitte die folgenden Vorgaben und die Umsetzung des unten stehenden Beispielsatzes:

- Schreiben Sie jede Zeile so voll wie möglich.
- Beachten Sie **unbedingt** die Neuregelungen zur Worttrennung, wenn damit bisher geltende Regeln *ersetzt* werden.
- Nutzen Sie **vorzugsweise** die neuen Trennmöglichkeiten, die zukünftig *neben* die bisher gültigen Worttrennungen treten.
- Satzzeichen (Komma, Punkt, Trennungsstrich) und Ziffern beanspruchen jeweils ein eigenes Kästchen und verlangen – wie Wortzwischenräume – im Anschluss ein Leerkästchen.
- Vorhandene Umlaute *(ä, ö, ü)* werden ebenso wie *ß* **nicht** aufgelöst, sondern sind unverändert in **ein** Leerkästchen zu übernehmen.

Beispielsatz:
Die neuen Worttrennungsregeln räumen allen Schreibenden viele Freiheiten ein, die sie auch nutzen sollten.

Ausführung:

Die neuen Worttrennungsre-
geln räumen allen Schreiben-
den viele Freiheiten ein, die
sie auch nutzen sollten.

Kurztext zur Worttrennung:

Mein Freund arbeitet seit dem 20. Februar im Schichtdienst als Unfallchirurg. Seine Aufgaben hält er für interessant, wenngleich er sich fragt, warum ihm eine Behandlung von Verletzungen Freude macht. Er bewohnt ein möbliertes Zimmer, worin sämtliche Fenster klappern. Er hat kaum Zeit, des Abends in ein Kino zu gehen oder die Oper zu besuchen, was er sehr beklagt. Manchmal treffen wir uns in einer noblen Weinstube und genießen einen trockenen Rotwein, bis der Wirt spätestens um zehn vor eins ein lautes Signal zum Aufbruch nach Hause gibt.

Ausführung:

[A]
Lösung

Der Lottogewinn

Wie jeden Samstagabend **saß** die Familie Kuntz einträchtig vor dem Fernsehschirm und fieberte der Ziehung der Lottozahlen entgegen. **Das** Ausfüllen der Lottoscheine gehörte zu Herrn Kuntz' **Hobbys** und wurde immer bereits montags erledigt. Seine persönliche Ziffernfolge kannte er längst **auswendig,** da er alle Kreuzchen schon seit Jahren auf den gleichen Zahlen **platzierte.** In dieser Woche wollte ausnahmsweise Opa Kuntz dafür sorgen, **dass** die Scheine pünktlich zur Annahmestelle gelangten. Endlich war das **Fußballländerspiel/Fußball-Länderspiel** überstanden und die Moderatorin kündigte die Ziehung der **Gewinnnummern/Gewinn-Nummern** an. Zuerst warf das Gerät die 19 aus, dann die 4 und schließlich die 26. Der Vater wurde zusehends nervöser, denn bisher stimmten alle Zahlen mit den angekreuzten überein. Als die 42 gezogen wurde, hielt es ihn nicht mehr im Sofa und er **aß** hastig ein Stück **Nussschokolade/Nuss-Schokolade** nach dem anderen, **sodass/so dass** auch Frau Kuntz ein **bisschen** aufgeregter wurde. Nur Sohn Robert merkte, **dass** Opa sich immer häufiger die Nase **schnäuzte** und unruhig seine Brieftasche durchsuchte. **Dass** die nächste Zahl eine Niete war, sorgte nur kurz für **Missstimmung/Miss-Stimmung,** denn die letzte gezogene Ziffer war die 34. Nun hatte man fünf Richtige und eine hübsche Summe Geld. Herr Kuntz freute sich schon **überschwänglich** auf die vielen **Partys,** die man damit steigen lassen könnte, während Mutter auf einen neuen **Geschirrreiniger/Geschirr-Reiniger** hoffte, der ihr den **aufwändigen/aufwendigen** Abwasch ersparen würde.

Unvermittelt **riss** Opa sie jedoch aus allen Träumen: „Entschuldigt bitte", unterbrach er vorsichtig die Begeisterung, „aber ich habe vergessen eure **Lottotipps** abzugeben." Verlegen reichte er dem entsetzten **Elternpaar** die sorgfältig **durchnummerierten** Formulare. Herrn Kuntz' **Rohheit** kannte nun keine Grenzen mehr, so sehr sich Opa auch für sein **Missgeschick** entschuldigte: „Du **Tollpatsch**", beschimpfte er den **belämmert** dreinblickenden **Großvater,** „kannst du denn gar nichts **selbständig/selbstständig** erledigen?" Da der **Schuldbewusste** dieser **Stresssituation/Stress-Situation** nicht gewachsenen war, **musste** sein Enkel Robert ein Beruhigungsmittel aus der **Nachtapotheke** besorgen, derweil Frau Kuntz ihrem Mann zur Besänftigung sein Leibgericht zubereitete: **Spagetti/Spaghetti** mit **Tunfischsoße/Thunfischsoße**. **Dennoch** sollte es viele Tage dauern, bis Vater Kuntz unter diesen **gräulichen** Abend einen **Schlussstrich/Schluss-Strich** ziehen konnte.

[B] Lösung

Der rettende Einfall

Irgendwo im **drückend heißen** Nordafrika spielte sich einmal die folgende **Aufsehen erregende/aufsehenerregende** Geschichte ab:

Eingeborene eines **Not leidenden/notleidenden** Stammes waren mit einem **weit gereisten/weitgereisten** Missionar **aneinander geraten,** der nicht auf seine Wegstrecke **Acht gegeben** und unüberlegt **Halt gemacht** hatte. Als der Mann schließlich **gefangen genommen** worden war, bat er zwar darum, ihn von jeder Schuld **freizusprechen** und **gehen zu lassen,** aber die Eingeborenen wollten ihn unbedingt auf der Stelle töten. Nach einer alten Stammessitte sollte der Gefangene seine Todesart selbst bestimmen, und zwar dadurch, dass er eine beliebige Behauptung aufstellte. Der Medizinmann erklärte ihm dazu: „Wenn ich deine Behauptung als wahr anerkenne, dann wirst du mit vergifteten Pfeilspitzen getötet. Betrachte ich sie dagegen als Lüge, so musst du im **riesig großen** Feuer **zugrunde/zu Grunde gehen.** Dein Leben wird also in jedem Fall bald **vorbei sein.**“

Der Missionar überlegte, nachdem man ihn mit diesen Bedingungen **bekannt gemacht** hatte, wie er die Eingeborenen wohl **irreführen** könnte. Es dauerte nicht **allzu lange,** da kam ihm, dem noch niemand etwas **zuleide/zu Leide getan** hatte, der vielleicht rettende Einfall: Er **schlussfolgerte,** dass er seine Antwort so geschickt formulieren müsste, dass es den Wilden **schwer fallen** würde, ihn umzubringen. Kurz darauf stellte er den Stammesangehörigen gegenüber die **ernst gemeinte/ernstgemeinte** Behauptung auf: „Ihr werdet mich verbrennen.“

Jetzt wussten die Eingeborenen nicht mehr, was sie tun sollten. Denn wenn sie den Missionar wirklich verbrennen würden, so hätte er tatsächlich die Wahrheit gesagt. Also müssten sie ihn mit vergifteten Pfeilen töten – aber dann hätte der Missionar gelogen. Somit müsste er doch wiederum den Flammen **anheim fallen** … So ging es immer weiter und die Stammesältesten kamen trotz nächtelanger angeregter Diskussionen nicht mehr zu einer **bahnbrechenden** Erkenntnis.

Soviel ich weiß, haben die Eingeborenen den Missionar **irgendwann** tatsächlich **laufen lassen,** sodass er wieder **heimreisen** konnte. Er wird sich aber gewiss vorgenommen haben, nie mehr im afrikanischen Busch **verloren zu gehen.**

[C] Lösung

Die Bindestriche ohne Klammern sind obligatorisch, diejenigen mit Klammern sind fakultativ. Verzichtet man auf die freigestellten Bindestriche, muss natürlich zusammengeschrieben werden.

Mit einem 100-prozentigen Einsatz aller Ressourcen kann die neue Kaffee(-)Ernte auf das große Fluss(-)Schiff bis zum Abend verladen sein. Dazu muss nur der 26-Tonner flottgemacht werden. Allerdings fehlt zu seiner Reparatur ein 15er-Schlüssel, aber so ein 15er wird irgendwo aufzutreiben sein. In den Zwanzigerjahren wäre das ein wirkliches Problem gewesen, doch heute hat man per Funk(-)Rundruf schnell heraus, wer über so ein Werkzeug verfügt. Dann braucht man kein Schnell(-)Läufer zu sein, um ihn herbeizuholen, denn der Hubschrauber(-)Notdienst springt da gerne ein.

Doch dann beginnt eine wirkliche Stress(-)Situation. Wenn nämlich der Lastwagen am Pier angelangt ist, müssen die Träger in zwei Reihen die Säcke im Reißverschluss(-)System aufs Schiff schleppen, und der Verlademeister muss mit den Kontroll(-)Listen aufpassen, denn die Ist(-)Zahl der Säcke muss schließlich mit der Soll(-)Zahl übereinstimmen. Wenn er 100%ig richtig zählt, erhält er eine Prämie. Zuerst geht das Verladen im Schritt(-)Tempo, dann aber wird zum Schluss(-)Spurt angesetzt. Das Ganze ist kein Wett(-)Turnen, sondern ein Vollzeit(-)Job, bei dem man keinen Black(-)out haben darf.

[D]

Lösung

Kaspar Hauser

Am Pfingstmontag des Jahres 1828 geschah in Nürnberg etwas Unerhörtes. Gegen fünf **nachmittags** sah ein **Nürnberger** Bürger einen Sechzehnjährigen auf der Straße stehen, der durch seine eigenartige gekrümmte Körperhaltung und unbeholfene Gehversuche auffiel. Der Mann tat alles **Mögliche** um mit dem Jungen Kontakt aufzunehmen. Er sprach zunächst **deutsch** mit ihm und redete ihn dann auf **Französisch** an, aber außer unverständlichen Sprachlauten war dem Unbeholfenen nichts zu entlocken.

Allerdings hielt der Knabe einen Brief in den Händen. Aufs **Äußerste/äußerste** gespannt griff der Bürger nach dem Umschlag und brachte den Fremden als **Nächstes** zu der angegebenen Anschrift: dem Haus eines **nürnbergischen** Rittmeisters. Dort angekommen versuchte man aufs **Neue/neue,** etwas aus ihm herauszubekommen. Wiederum war er jedoch **außer Stande/außerstande** sich verständlich zu machen. Er nahm fürs **Erste** etwas Brot und Wasser zu sich und fiel in einen tiefen Schlaf.

Der Ritt-meister entschied am **Dienstagmorgen** schließlich **Folgendes:** „Es tut mir **Leid/leid,** dass ich dem Jungen gestern **Abend** nicht helfen konnte, aber ich bin nicht **schuld** an seinem Schicksal. Um alles **Übrige** muss sich die Polizei kümmern."

Also brachte man ihn zur Polizei, wo man ebenfalls keinen Rat wusste, da auch der Brief die Herkunft des Findlings im **Dunkeln** ließ. Als man ihm aber eine Feder gab, schrieb er zum Erstaunen der Anwesenden seinen Namen: Kaspar Hauser.

Als ihn ein **zu Rate/zurate** gezogener Arzt aufs **Eingehendste/eingehendste** untersuchte, stellte dieser fest, dass Kaspar im **Großen** und **Ganzen** gesund war, jedoch an einer auffälligen Fehlbildung seiner Kniegelenke litt. Was dem Jungen Unglaubliches zugestoßen war, sollte man jedoch erst viel später erfahren. Zunächst war man sich noch nicht einmal im **Klaren** darüber, ob man ihn für einen Betrüger halten sollte, der die Gutmütigen nur zum **Besten** hielt oder für einen Besessenen, der die **schwarze** Magie beherrschte. So **mancher** meinte sogar, man dürfe **auf Grund/aufgrund** seiner seltsamen Erscheinung auch die Möglichkeit nicht außer **Acht** lassen, dass er von einem fremden Planeten komme. Wer von all den Klugen **Recht** behalten sollte, das war die Frage, die **Groß** und **Klein** brennend interessierte.

Natürlich dauerte es nicht lange, bis sich **Hunderte/hunderte** Neugierige von **nah** und **fern** einfanden, um Kaspar zum ersten **Mal** zu bestaunen. Dabei wurde er von

Alt und **Jung** gleichermaßen als Wilder betrachtet, den man zähmen musste.
Die **meisten** (auch: **Meisten**) ließen jedes Mitgefühl vermissen und man zeigte ihm des **Öfteren** Dinge, die ihm **Angst** machten oder ihn gar aufs **Ärgste/ärgste** erschreckten.
Um nicht länger im **Dunkeln** zu tappen, kümmerten sich schließlich ein Professor und der **Erste** Bürgermeister der Stadt Nürnberg um Kaspar. Die **beiden** waren die **Ersten** und blieben die **Einzigen,** die etwas Näheres vom Leid des Hilflosen erfuhren, der sein Leben von **klein** auf in einem Loch zubringen musste. Manches **andere** (auch: **Andere**) über den Menschen Kaspar Hauser blieb jedoch bis heute im **Unklaren.**
Es spricht aber **vieles** (auch: **Vieles**) dafür, dass er ein **badischer** Prinz war, der wegen Streitigkeiten um die Thronfolge elend **zu Grunde/zugrunde** ging.

[E] Lösung

Die Klammern bezeichnen Stellen, an denen zwar kein Komma gesetzt werden muss, an denen das Komma aber dazu beiträgt, Ordnung im Satz zu schaffen.

„Warum reden nur alle vom Fußball?“, brummelte Heinrich gelegentlich, wenn er mit seinen Freunden beim Bier zusammensaß. Diese wussten, dass er zu derjenigen Spezies gehört, die, ohne Rücksichtnahme zu zeigen, von ihren Mitmenschen verlangen, dass sie so leben wie sie selbst. Heinrich machte auch kein Hehl daraus, dass sich die Menschen an ihn anzupassen hatten, und er vertrat seine Meinung recht offensiv. „Überlegt doch mal!“, pflegte er seine Freunde aufzufordern. „Die so genannten Sportfreunde, ohne sich darüber Rechenschaft abzulegen, vergeuden wertvolle Lebenszeit mit Banalitäten. Ödes Ballgekicke zu verfolgen, darin sollte niemand sein Vergnügen finden.“ Doch seine Freunde, die diese Tiraden kannten, ignorierten sie meist(,) und nur manchmal reagierte der eine oder andere lakonisch: „Daran, die Menschheit zu vervollkommnen, wirst auch du scheitern, Heinrich.“ Oder: „Die Menschen nach seinem Ebenbild formen kann nur Gott(,) und der bist du bestimmt nicht.“ Dann gab Heinrich(,) ohne sich zu besinnen(,) zur Antwort: „Ich habe schon intelligentere Bemerkungen gehört(,) und außerdem ist das kein Argument dafür, mich mit eurem Gerede über Fußball zu belästigen.“ Nach einem solchen Geplänkel hoben Heinrich, mit dem sich trotz seiner Eigenheiten gut auskommen ließ, und seine Freunde die Gläser und prosteten sich zu.

[F] Lösung

Die erste der folgenden Musterlösungen basiert – gemäß der Aufgabenstellung – grundsätzlich auf den neuen Regeln zur Worttrennung, also auch in den Fällen, in denen eine bisher gültige Trennfuge nicht ersetzt, sondern nur um eine neue ergänzt wird.
Der Vollständigkeit halber berücksichtigt die zweite Lösung hingegen nur die obligatorischen Neuregelungen, bleibt aber im Übrigen bei den bisherigen, auch weiterhin gültigen Trennfugen. Selbstverständlich ist auch eine Lösung möglich und richtig, die sowohl konservative als auch progressive Trennungen enthält.

Mein Freund arbeitet seit dem 20. Feb-
ruar im Schichtdienst als Unfallchi-
rurg. Seine Aufgaben hält er für inte-
ressant, wenngleich er sich fragt, wa-
rum ihm eine Behandlung von Verletzun-
gen Freude macht. Er bewohnt ein möb-
liertes Zimmer, worin sämtliche Fens-
ter klappern. Er hat kaum Zeit, des A-
bends in ein Kino zu gehen oder die O-
per zu besuchen, was er sehr beklagt.
Manchmal treffen wir uns in einer nob-
len Weinstube und genießen einen tro-
ckenen Rotwein, bis der Wirt spätes-
tens um zehn vor eins ein lautes Sig-
nal zum Aufbruch nach Hause gibt.

Mein Freund arbeitet seit dem 20. Fe-
bruar im Schichtdienst als Unfallchir-
urg. Seine Aufgaben hält er für inter-
essant, wenngleich er sich fragt, war-
um ihm eine Behandlung von Verletzun-
gen Freude macht. Er bewohnt ein mö-
bliertes Zimmer, worin sämtliche Fens-
ter klappern. Er hat kaum Zeit, des
Abends in ein Kino zu gehen oder die
Oper zu besuchen, was er sehr beklagt.
Manchmal treffen wir uns in einer no-
blen Weinstube und genießen einen tro-
ckenen Rotwein, bis der Wirt spätes-
tens um zehn vor eins ein lautes Si-
gnal zum Aufbruch nach Hause gibt.

→ Wählen Sie die korrekten Wortschreibungen aus!

Lösung

Windsurfen

Wie eine **riesig gro(ss/ß)e/riesiggro(ss/ß)e** Welle schwappte vor ungefähr 20 Jahren das Windsurfen aus den USA nach Europa herüber. Dieser **Aufsehen erregende/aufsehenerregende** Wassersport entwickelte sich aus dem alten Wellenreiten der Polynesier, die auf schmalen Holzbrettern abenteuerliche Kunststücke vollführten. Seit den **50er Jahren/50er-Jahren** erlebte das Wellenreiten vor allem in Amerika einen **gro(ss/ß)en** Aufschwung; **gewi(ss/ß)** erinnern **S/sie** sich noch an die begleitende Musikrichtung der *Beach Boys*.

Eines Tages kamen ein Wellenreiter und ein Segler auf die Idee, ein Surfbrett mit einem Segel auszustatten. Zwei Jahre lang tüftelten die **B/beiden**, dann wurde der Windsurfer als Patent angemeldet und bekam **auf (G/g)rund/aufgrund** dessen eine **Kenn-Nummer/Kenn(n)ummer**. Das **A/anfangs** sehr **aufwändige/aufwendige** Gerät fand schnell breites Interesse, als die **E/ersten** mit **überschwänglicher/überschwenglicher** Begeisterung immer wieder aufs **N/neue** versuchten Brett und Segel zu bändigen. Nachdem das Surfbrett ständig verbessert worden ist, fällt das Windsurfen heute **ebenso wenig/ebensowenig** auf, wie wenn jemand **(E/e)is läuft/eisläuft**. Es gehört zu den **weit verbreiteten/weitverbreiteten** „nassen" **Hobbys/Hobbies** für **G/gross/ß** und **K/klein**, die man nicht nur an der **O/ostfriesischen** Küste oder der **M/mecklenburger** Seenplatte, sondern auch **A/abseits** der **gross/ßen** Gewässer ausüben kann.

Lösung

Immer wenn **Surf-Regatten/Surfregatten statt finden/stattfinden**, gibt es **U/unzählige**, die aufs **Ä/äußerste** gespannt am Wettkampf **teil nehmen/teilnehmen**, und viele **A/andere**, die diesen **Show down/Show-down/Showdown** als Zuschauer miterleben.

Es gibt nicht viele Sportarten, bei denen sich **100 prozentige/100-prozentige/100prozentige** Könner und Anfänger so grundlegend unterscheiden wie beim Windsurfen. Während die **E/einen** *über* Wasser sicher **vorwärts kommen/vorwärtskommen**, nehmen die **A/anderen** in **K/kauf**, unendliche **M/mal(e)** *ins* Wasser zu segeln. Nur wenigen wirklich guten Surfern stehen unzählige **Tol(l)patsche** gegenüber, die es nicht **sein lassen/seinlassen** wollen und denen es **schwer fällt/schwerfällt**, beim Fallen eine gute Figur zu machen. So **M/manchen**, der zumindest nicht völlig **A/abseits** stehen will, sieht man sein **blank poliertes/blankpoliertes** Sportgerät auf dem Autodach **spazieren fahren/spazierenfahren**. Allerdings nimmt kaum jemand **Ansto(ss/ß)** daran, wenn das Brett unberührt auf dem Gepäckträger bleibt. Das liegt daran, **da(s/ss/ß)** sich diese **S/schwarzen** Schafe im **Small (T/t)alk/Small-(T/t)alk/Smalltalk** mit **potenziellen/potentiellen** Kritikern über ungeeignete Windverhältnisse, zu kleine Reviere oder unerträgliches Getümmel am Strand beschweren. Folgt dann noch eine launige Bemerkung über **Fu(s/ss/ß)stellung**, Starkwind oder Wende, ist der vermeintliche Experte bald von einigen **D/dutzend wi(ss/ß)begierigen Surf-Freunden/Surffreunden** umringt und kann sich bewundern lassen.

→ In der Randspalte finden Sie Nummer des Lernabschnitts angegeben, in dem die entsprechende Rechtschreibschwierigkeit behandelt ist.

Kapitelverweis

Windsurfen

Wie eine **riesig große** Welle 14/3
schwappte vor ungefähr 20 Jahren das Windsurfen
aus den USA nach Europa herüber. Dieser **Aufsehen** 7
erregende/aufsehenerregende Wassersport ent-
wickelte sich aus dem alten Wellenreiten der Polyne-
sier, die auf schmalen Holzbrettern abenteuerliche
Kunststücke vollführten. Seit den **50er Jahren/50er-** 15
Jahren erlebte das Wellenreiten vor allem in Amerika
einen **großen** Aufschwung; **gewiss** erinnern 3
Sie sich noch an die begleitende Musikrichtung der 19
Beach Boys.
Eines Tages kamen ein Wellenreiter und ein Segler auf
die Idee, ein Surfbrett mit einem Segel auszustatten.
Zwei Jahre lang tüftelten die **beiden**, dann wurde 32
der Windsurfer als Patent angemeldet und bekam **auf** 23
Grund/aufgrund dessen eine **Kenn-Nummer/** 4/17
Kennnummer. Das **anfangs** sehr **aufwändige/** 32, 2
aufwendige Gerät fand schnell breites Interesse, als
die **Ersten** mit **überschwänglicher** 25, 2
Begeisterung immer wieder aufs **N/neue** ver- 30
suchten Brett und Segel zu bändigen. Nachdem das
Surfbrett ständig verbessert worden ist, fällt das
Windsurfen heute **ebenso wenig** auf, 14
wie wenn jemand **Eis läuft**. Es gehört zu 7/22
den **weit verbreiteten/weitverbreiteten** „nassen“ 10
Hobbys für **Groß** und **Klein**, die 6, 27
man nicht nur an der **ostfriesischen** Küste oder 21
der **Mecklenburger** Seenplatte, sondern auch 21
abseits der **großen** Gewässer ausüben kann. 32, 3

	Kapitelverweis
Immer wenn **Surf-Regatten/Surfregatten stattfinden**,	16, 7
gibt es **Unzählige**, die aufs	24
Ä/äußerste gespannt am Wettkampf **teilnehmen**,	30, 7
und viele **andere**, die diesen **Show-down/Show-**	24, 18
down als Zuschauer miterleben.	
Es gibt nicht viele Sportarten, bei denen sich **100-**	
prozentige Könner	15
und Anfänger so grundlegend unterscheiden wie beim	
Windsurfen. Während die **einen** (auch: **Einen**) *über*	24
Wasser sicher **vorwärts kommen**, nehmen	12
die **anderen** (auch: **Anderen**) in **Kauf**, unendliche	
M/mal(e) *ins* Wasser zu segeln. Nur wenigen wirklich	24, 23, 32
guten Surfern	
stehen unzählige **Tollpatsche** gegenüber, die es	1
nicht **sein lassen** wollen und denen es	8
schwer fällt, beim Fallen eine gute Figur	10
zu machen. So **manchen**, der zumindest nicht	32
völlig **abseits** stehen will, sieht man sein **blank**	
poliertes/blankpoliertes Sportgerät auf dem	32, 10
Autodach	
spazieren fahren. Allerdings nimmt	8
kaum jemand **Anstoß** daran, wenn das Brett	3
unberührt auf dem Gepäckträger bleibt. Das liegt	3, 20
daran, **dass** sich diese **schwarzen** Schafe im	18, 5
Small Talk/Smalltalk mit **potenziellen/potentiellen**	
Kritikern über ungeeignete Windverhältnisse, zu	
kleine Reviere oder unerträgliches Getümmel am	
Strand beschweren. Folgt dann noch eine launige Be-	3
merkung über **Fußstellung**, Starkwind oder Wende,	
ist der vermeintliche Experte bald von einigen	
D/dutzend wissbegierigen	32, 3
Surf-Freunden/Surffreunden umringt und kann sich	16
bewundern lassen.	

Regelabriss

A. Laut-Buchstaben-Zuordnung

§ *ß nach kurzem (betontem) Vokal wird durch ss ersetzt.*

Man schreibt jetzt **Fass, Stress, Biss, Missverständnis, Boss, Fluss;** sie **muss** (zu: **müssen**), er **hasst** (zu: **hassen**) u. a.
Statt **daß** schreibt man jetzt **dass.**

§ *Eine größere Zahl von Einzelwörtern wird dem so genannten Stammprinzip angeglichen, d. h., ein Wort folgt in der Schreibung dem Wort oder der Wortform, dem bzw. der es zugeordnet werden kann.*

Man schreibt jetzt **Ass** wegen **des Asses, die Asse, Tipp** wegen **tippen, Gämse** wegen **Gams, nummerieren** wegen **Nummer, platzieren** wegen **Platz** u. a.
Es bleibt aber bei **fit** und **Top.**

§ *Wenn in Zusammensetzungen drei gleiche Buchstaben aufeinander treffen, bleiben alle erhalten.*

Man schreibt jetzt **Bestellliste, Schifffahrt; Kaffeeernte, Teeei, Hawaiiinseln** u. a.
Es bleibt bei **dennoch, Drittel** und **Mittag.**

Beachte: Wer unschöne oder unübersichtliche Schriftbilder vermeiden will, kann auch mit Bindestrich schreiben: **Auspuff-Flamme, Tee-Ei**.

§ *Das ph kann in phon, phot und graph und in einigen Einzelfällen durch f ersetzt werden; neben -tial und -tiell sind in einigen Fällen auch -zial und -ziell möglich. Vereinzelt können gh, rh, th zu g, r, t werden.*

Man kann jetzt schreiben: **Delfin** oder **Delphin, Fotometrie** oder **Photometrie,**

Diktafon oder **Diktaphon, Geografie** oder **Geographie; Differenzial** oder **Differential, essenziell** oder **essentiell, substanziell** oder **substantiell; Spagetti** oder **Spaghetti, Katarr** oder **Katarrh, Panter** oder **Panther, Tunfisch** oder **Thunfisch.**

Ansonsten bleibt die Schreibung der Fremdwörter im Wesentlichen unverändert. Man schreibt also weiterhin **Philosophie, Rhetorik, Rheuma, Apotheke, Strophe, Diskothek, Leichtathletik, Mathematik, Theater** u. a.

B. Getrennt- und Zusammenschreibung

§ *Verbindungen aus Substantiv und Verb werden in der Regel getrennt geschrieben.*

Nach dem Muster **Auto fahren, Klavier spielen** schreibt man jetzt auch **Rad fahren, Eis laufen, Halt machen, Maschine schreiben** u. a.

Zusammenschreibung bleibt bei Verbindungen, in denen das Substantiv verblasst ist. Demnach weiterhin: **preisgeben (er gibt preis), standhalten (sie hält stand), stattfinden (die Veranstaltung findet statt), teilhaben (wir haben daran teil)** u. a. Bilden Substantiv und Verb eine untrennbare Zusammensetzung, dann bleibt es ebenfalls bei der Zusammenschreibung: **schlafwandeln – er schlafwandelte, schlussfolgern – sie schlussfolgerte.**

§ *Verbindungen aus Substantiv und Partizip werden in der Regel getrennt geschrieben, wenn die Getrenntschreibung auch im Infinitiv gilt und in der Verbindung kein Wort erspart wird.*

Man schreibt also **Achtung gebietend** wie **Achtung gebieten, Aufsicht führend** wie **Aufsicht führen, Erdöl exportierend** wie **Erdöl exportieren, Handel treibend** wie **Handel treiben** u. a.
Wenn die Verbindung als Einheit aufgefasst wird, ist jedoch auch Zusammenschreibung möglich: alle **Aufsicht führenden/aufsichtführenden** Personen, die **Erdöl exportierenden/erdölexportierenden** Länder.

Aber: **mondbeschienen = vom Mond beschienen** (**vom** wird erspart), **ausschlaggebend = den Ausschlag gebend** (**den** wird erspart) u. Ä.

Regelabriss

§ *Verbindungen aus einem Verb im Infinitiv und einem zweiten Verb schreibt man nur noch getrennt.*

Auf dem Stuhl/Wegen schlechter Noten **sitzen bleiben.** Das Buch/Den erfolglosen Trainer **fallen lassen.** Ebenso: **bestehen bleiben, kennen lernen, flöten gehen** u. a.

§ *Verbindungen aus einem Partizip und einem Verb werden ebenfalls stets getrennt geschrieben.*

Wie bisher schon **getrennt leben** schreibt man jetzt auch **verloren gehen, gefangen halten** u. a.

§ *Verbindungen aus aneinander, aufeinander, auseinander usw. und Verb werden grundsätzlich getrennt geschrieben.*

Man schreibt jetzt **aneinander fügen/geraten/grenzen/legen** usw., **auseinander biegen/gehen/halten/leben/nehmen/setzen** usw., **gegeneinander prallen/stoßen** u. a.

§ *Verbindungen aus Adverbien, die mit -wärts gebildet sind, und Verb werden grundsätzlich getrennt geschrieben.*

Mit der Firma wird es **aufwärts gehen,** im Beruf **vorwärts kommen** u. a.

§ *Verbindungen mit dem Verb sein werden grundsätzlich getrennt geschrieben.*

Man schreibt jetzt also **an sein, auf sein, beisammen sein** u. a.

§ *Verbindungen aus Adjektiv und Verb werden getrennt geschrieben, wenn das Adjektiv steigerbar oder zumindest durch sehr oder ganz erweiterbar ist.*

Man schreibt also **ernst nehmen (sehr ernst nehmen), gerade sitzen (ganz gerade sitzen), gut gehen (besser gehen)**; ebenso: **offen stehen, schlecht gehen, schwer fallen, übel nehmen** u. a.

Zusammengeschrieben wird, wenn das Adjektiv nicht steigerbar ist.

Es bleibt also bei **fernsehen, festsetzen** (= bestimmen) u. a.

§ *Bestimmte Verbindungen aus zusammengesetzten Adverbien und Verben werden getrennt geschrieben.*

Dazu gehören **anheim fallen, überhand nehmen, vorlieb nehmen** u. a.

Zusammen- oder Getrenntschreibung ist möglich bei **infrage stellen/in Frage stellen, instand setzen/in Stand setzen, zugrunde liegen/zu Grunde liegen, zustande bringen/zu Stande bringen, zutage fördern/zu Tage fördern** u. a.

§ *Verbindungen aus einem Adjektiv und einem Partizip oder aus zwei Adjektiven werden getrennt geschrieben:*

- wenn der erste Bestandteil ein Partizip ist:
  drückend heiß, kochend heiß, leuchtend blau u. a.;
- wenn der erste Bestandteil eine Ableitung auf **-ig, -isch** oder **-lich** ist:
  riesig groß, mikroskopisch klein, bläulich grün u. a.;
- wenn der erste Bestandteil gesteigert oder erweitert werden kann: **dünn besiedelt, ernst gemeint, schlecht gelaunt, unten erwähnt, weit verbreitet** u. a.
- Werden Verbindungen mit einem Partizip als zweitem Bestandteil adjektivisch gebraucht, können sie auch zusammengeschrieben werden: ein **dünn besiedeltes/dünnbesiedeltes Gebiet, ernst gemeinte/ernstgemeinte** Ratschläge usw.

§ *Wie schon bisher irgendein, irgendwann, irgendwer u. a. schreibt man jetzt auch irgendjemand und irgendetwas zusammen.*

Unverändert bleiben Fälle, in denen der zweite Bestandteil erweitert ist:
irgend so ein/eine/einer, irgend so etwas.

C. Schreibung mit Bindestrich

§

In Zusammensetzungen werden Zahlen, die in Ziffern geschrieben werden, mit einem Bindestrich vom Rest des Wortes abgehoben.

Man schreibt jetzt also **8-Achser, 5-Eck, 16-Ender, 6-hebig, 2-jährig, 4-Jährige, 6-monatlich, 14-tägig, 8-Zylinder** u. a.

Wie bisher steht jedoch kein Bindestrich, wenn die Ziffer mit einer Nachsilbe verbunden ist. Es bleibt also bei **68er, 100stel, 15er** u. a.
Aber in Zusammensetzungen: **68er-Generation, 15er-Schlüssel** u. a.

§

Ein Bindestrich kann gesetzt werden, um einzelne Bestandteile einer Zusammensetzung hervorzuheben, wenn unübersichtliche Zusammensetzungen deutlicher gegliedert werden sollen und wenn drei gleiche Buchstaben aufeinander treffen.

Man schreibt jetzt also **Ichsucht** oder **Ich-Sucht, Sollstärke** oder **Soll-Stärke, Moselwinzergenossenschaft** oder **Mosel-Winzergenossenschaft, Schifffahrt** oder **Schiff-Fahrt, Schifffracht** oder **Schiff-Fracht, Teeernte** oder **Tee-Ernte** u. a.

§

Mehrgliedrige Wörter aus dem Englischen werden zusammengeschrieben, können aber auch mit Bindestrich geschrieben werden, wenn es sich um substantivisch gebrauchte Zusammensetzungen handelt.

Bei zusammengesetzten Substantiven ist die zusammengeschriebene Form die Hauptvariante, in den anderen Fällen die Schreibung mit Bindestrich. Man schreibt jetzt also: **Airconditioning** oder **Air-Conditioning, Artdirector** oder **Art-Director, Black-out** oder **Blackout, Centrecourt** oder **Centre-Court, Chewinggum** oder **Chewing-Gum, Feed-back** oder **Feedback, Hand-out** oder **Handout, Jobsharing** oder **Job-Sharing, Kick-down** oder **Kickdown, Lay-out** oder **Layout** u. a.

Bei Verbindungen aus Adjektiv und Substantiv wird jetzt vorzugsweise zusammengeschrieben. Daneben ist jedoch auch Getrenntschreibung ohne Bindestrich möglich. Dann werden die substantivischen Bestandteile allerdings großgeschrieben.

Also: **Happyend** oder **Happy End, Highsociety** oder **High Society, Smalltalk** oder **Small Talk** u. a.

D. Groß- und Kleinschreibung

§ *Substantive, die mit Präpositionen ein festes Gefüge bilden, aber mit diesen nicht zusammengeschrieben werden, schreibt man groß.*

Man schreibt jetzt also **in Bezug auf** wie bisher schon **mit Bezug auf.**
Ebenso: **außer Acht lassen, sich in Acht nehmen** u. a.

§ *Substantive, die mit Verben ein festes Gefüge bilden, aber nicht mit diesen zusammengeschrieben werden, schreibt man groß.*

Man schreibt jetzt also **Rad fahren, Hof halten, Kopf stehen, Leid tun, Maschine schreiben, Pleite gehen, Angst haben, jemandem Angst und Bange machen, sein Eigen nennen, Schuld haben, Recht behalten/bekommen/haben** u. a.

Aber: In Verbindungen mit **sein** werden **angst, bange, ernst, recht, gram, leid, pleite, schuld** und **wert** als Adjektive aufgefasst und deshalb wie bisher kleingeschrieben. Also: **mir ist/wird angst und bange; ich bin es leid; es ist mir recht; du bist selbst schuld; er ist pleite** usw.

§ *Substantivierte Ordnungszahlen werden großgeschrieben.*

Man schreibt jetzt also **als Erstes, die Rechte Dritter, als Dritter an der Reihe sein, wie kein Zweiter arbeiten** u. a.

§ *Substantivierte Adjektive, die Bestandteile fester Wendungen sind, werden – unabhängig vom eigentlichen oder übertragenen Gebrauch des Adjektivs – großgeschrieben.*

Man schreibt jetzt also **im Argen liegen, zum Besten geben/halten, im Dunkeln**

bleiben/tappen, auf dem Laufenden halten, sich über etwas im Klaren sein, auf dem Trockenen sitzen, im Trüben fischen, etwas im Stillen vorbereiten u. a.

Groß schreibt man außerdem

- Sprachbezeichnungen in Verbindung mit Präpositionen:
  ein Referat auf Französisch halten; ein in Englisch abgefasster Brief u. a.;
- Tageszeiten in Verbindung mit **vorgestern, gestern, heute, morgen, übermorgen: gestern/heute/morgen Abend, vorgestern Nachmittag** u. a.

und in Fällen wie: **jeder Einzelne, als Einzelner, der Einzige, als Einziger, das Ganze, als Ganzes, nicht das Geringste** u. a.

Beachte: Kleingeschrieben werden in der Regel weiterhin die Wörter **viel, wenig, eine, andere** mit allen ihren Beugungsformen.

§ *In festen Verbindungen, die aus einem Adjektiv und einem Substantiv bestehen, wird das Adjektiv in der Regel kleingeschrieben.*

Wie schon bisher **die schwarze Magie, die gelbe Karte, die goldene Hochzeit** u. a. schreibt man jetzt auch **die erste Hilfe, das große Los** u. a. (In fachsprachlichem Zusammenhang ist jedoch auch weiterhin in vielen Fällen die Großschreibung üblich.)

Großschreibung gilt weiterhin bei

- Titeln, Ehren-, Amts-, Funktionsbezeichnungen; also:
  Ihre Königliche Hoheit, der Heilige Vater, der Regierende Bürgermeister, der Technische Direktor u. a.;
- klassifizierenden Bezeichnungen in Botanik und Zoologie; also:
  das Fleißige Lieschen, die Gemeine Stubenfliege, der Rote Milan u. a.;
- Kalendertagen; also:
  der Heilige Abend, der Erste Mai, der Weiße Sonntag u. a.;
- historischen Ereignissen und Epochen; also:
  der Dreißigjährige Krieg, der Deutsch-Französische Krieg 1870/71, der Erste Weltkrieg, die Ältere Steinzeit, die Goldenen Zwanziger u. a.

§ *Werden aus Eigennamen Adjektive auf -isch oder -sch gebildet, schreibt man nur noch klein.*

Man schreibt jetzt also **goethische/goethesche Gedichte** (»Gedichte von Goethe« oder »Gedichte in der Art Goethes«), **das ohmsche Gesetz, der ohmsche Widerstand, freudsche Schriften, freudsche Fehlleistung** u. a.

Wahlweise kann auch mit Apostroph geschrieben werden (dann mit großem Anfangsbuchstaben): **Goethe'sche Dramen, die Grimm'schen Märchen** u. a.

Aber wie bisher: **eulenspiegelhafte Possen, eine kafkaeske Stimmung, die Berliner Bevölkerung, die Schweizer Berge** u. a.

§ *Die Anredepronomen du und ihr sowie die besitzanzeigenden Pronomen dein und euer werden in Briefen jetzt immer kleingeschrieben. Großschreibung gilt weiterhin für die Höflichkeitsanrede Sie und das dazugehörende Pronomen Ihr.*

E. Zeichensetzung

§ *Sind zwei vollständige Hauptsätze mit und verbunden, dann ist das Komma vor und nicht mehr vorgeschrieben.*

Man kann also schreiben:
Johanna spielte auf dem Klavier und Johannes sang dazu.
Oder: **Johanna spielte auf dem Klavier, und Johannes sang dazu.**

§ *Infinitiv- und Partizipgruppen werden nur noch durch ein Komma abgetrennt oder zwischen Kommas eingeschlossen, wenn die Gliederung des Satzes verdeutlicht oder Missverständnisse ausgeschlossen werden sollen.*

Man kann also schreiben: **Sie gingen ohne sich vom Gastgeber zu verabschieden.**
Oder: **Sie gingen, ohne sich vom Gastgeber zu verabschieden.**

Etwas Besseres als eine Urlaubsreise zu gewinnen konnte mir nicht passieren.
Oder: **Etwas Besseres, als eine Urlaubsreise zu gewinnen, konnte mir nicht passieren.**
Mit Wanderkarte und Kompass aufs Beste ausgerüstet starteten sie in die Berge.
Oder: **Mit Wanderkarte und Kompass aufs Beste ausgerüstet, starteten sie in die Berge.**

Beachte: Ein Komma muss jedoch wie bisher stehen, wenn die Infinitiv- oder Partizipgruppe durch ein hinweisendes Wort angekündigt wird oder wenn die Infinitiv- oder Partizipgruppe nachgetragen wird, sodass sie aus der Satzkonstruktion herausfällt: **Sie erinnerte ihn daran, die Post zu holen. Die Weinfreunde, ohne sich zu besinnen, nahmen die Einladung an.**

F. Worttrennung am Zeilenende

§ *st wird getrennt: Wes-te, Küs-te, meis-tens u. a.*

§ *ck wird nicht mehr getrennt: ba-cken, De-ckel, tro-cken, Zu-cker u. a.*

§ *In Fremdwörtern werden Verbindungen aus Konsonant + l, n oder r entweder vor dem letzten Konsonanten getrennt, oder sie kommen ungetrennt auf die neue Zeile: nob-le oder no-ble, Sig-nal oder Si-gnal u. a.*

§ *Wörter, die nicht mehr als Zusammensetzungen empfunden oder erkannt werden, können jetzt auch nach Sprechsilben getrennt werden.*

Man trennt jetzt also **he-rauf** oder **her-auf, Mai-nau** oder **Main-au, Helikop-ter** oder **Heliko-pter, Pä-dagoge** oder **Päd-agoge** u. a.

→ Wort- und Sachregister

Dieses Register enthält in alphabetischer Reihenfolge sowohl Sachbegriffe als auch – kursiv gedruckt – Beispielwörter bzw. häufig verwendete Wortbestandteile. Es stellt ein Hilfsmittel dar, mit dem Sie die meisten der im Lehrgang behandelten Rechtschreibbereiche und -schwierigkeiten auch unabhängig von der vorgegebenen Einteilung der Übungseinheiten bearbeiten können. Die Zahlen verweisen auf die entsprechenden Abschnitte im Trainingsteil.